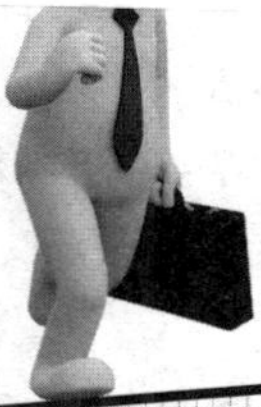

销售的细节

销售冠军不说，却默默在做的70件事

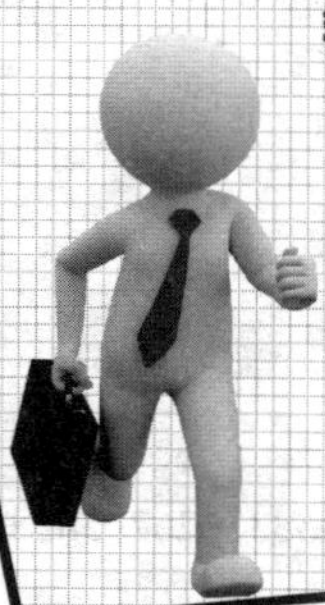

君 淮—著

華文出版社
SINO-CULTURE PRESS

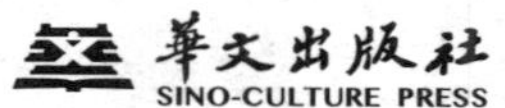

图书在版编目（CIP）数据

销售的细节 / 君淮著. -- 北京：华文出版社，2018.12（2024.5重印）

ISBN 978-7-5075-4870-9

Ⅰ.①销… Ⅱ.①君… Ⅲ.①销售学 Ⅳ.①F713.3

中国版本图书馆CIP数据核字（2018）第033708号

销售的细节

XIAOSHOUDEXIJIE

著　　者： 君　淮

出版策划： 蔡荣建

责任编辑： 胡慧华

出版发行： 华文出版社

社　　址： 北京市西城区广外大街305号8区2号楼

邮政编码： 100055

网　　址： http://www.hwcbs.cn

电　　话： 总 编 室 010-58336239　　发 行 部 010-58336267 58336238

责任编辑 010-58336197

经　　销： 新华书店

印　　刷： 三河市天润建兴印务有限公司

开　　本： 880×1230　1/32

印　　张： 6.5

字　　数： 140千字

版　　次： 2018年12月第1版

印　　次： 2024年5月第3次印刷

书　　号： ISBN 978-7-5075-4870-9

定　　价： 39.80元

前　言

Preface

太山不让土壤，故能成其大；河海不择细流，故能就其深。

——李斯《谏逐客书》

当今时代，每条跑道上都挤满了参赛选手，每个行业都挤满了竞争对手。在彼此势均力敌的情况下，最终决定胜负的将是大多数人很少关注的细节问题。如果你某些细节做得不好，就有可能把顾客推到竞争对手那里。社会的竞争正逐渐演变为细节的竞争。

很多企业在对细节的管理上都下足了功夫：

按照戴尔公司的CMM（软件能力成熟度模型），其软件开发分为18个过程域、52个目标和100多个关键实践，详细描述第一步做什么，第二步做什么……

麦当劳的作业手册，有560页，其中对如何烤一个牛肉饼就写了20多页，手册中规定一个牛肉饼烤出20分钟内没有卖出就扔掉。

……

对细节的精益求精，使得众多企业在竞争中保持优势地位。

老子告诉我们："天下大事，必作于细。"要想成功，我们就不能忽视工作中无处不在的诸多细节。有人打过一个形象的比方：机遇好像一位性格古怪的天使，它不喜欢盛装出场，总是喜欢乔装打扮成我们工作中的每一个细节、每一个问题，唯有心人能够把握。细节不仅能够决定最终的成败，而且代表着一个人的处世风格，代表着一个人的素养和能力。

很多销售大师都强调过细节对销售的重要影响力。乔·吉拉德说："每一位伟大的推销员都不可否认细节的重要性，有时一个小细节会反映出一个推销员的工作态度和能力。客户从推销员的细节表现中，判断其人品和素质的高低。除了能让你充分享受商品的好处之外，还十分的亲切、自信、乐意帮忙，并且细心、体贴。合格的销售员卖给你的，总不只是车子（产品）而已。”

销售细节能提高销售成功率。但凡成功的推销员都知道该如何从细微之处打动顾客。就拿乔·吉拉德来说，乔·吉拉德和顾客在一起的时候从不接电话，而且禁止总机把任何电话转进办公室。律师在法庭上从不接电话，医生在做手术时也无暇接电话。乔·吉拉德认为自己跟他们一样重要，因此他也不接电话。乔·吉拉德有一个观点，那就是如果推销员在和顾客谈话时，因为接电话而中断谈话，那么顾客的购物热情就会一落千丈！

环视乔·吉拉德的办公室，在墙上见不到一幅汽车宣传画。这是不是很奇怪呢？原因何在？乔·吉拉德这样回答这个问题：“那只会让顾客困惑！他会提出一些问题，如‘那辆车多少钱？’或‘嗯，乔，也许我该看看那个型号。’但是在我的墙上没有任何东西让他感到困惑或分散他的注意力。我的墙上只有我获得的奖章。这些奖章会让他知道，与他打交道的是个人物。而我之所以是个人物，是因为我热情待客。正是这样，我才成为世界上最佳汽车推销员。”

对于个人来说，能把每一件简单的事做好就是不简单，能把每一件平凡的小事做好就是不平凡。很多营销人员虽然有远大的目标，但在具体实施时，由于缺乏对完美的执着追求，事事“差不多”便可，结果导致许多“差不多的计划”到最后一个环节变得“差很多”。

重新发现细节的价值，已成为我们每一个人的必修课。把事情做细，注意细节是一种能力，更是一种修养，这是日积月累用心去浇灌才能培养出来的。这种培养作为销售员是必需的。记住，当你想要创造出惊人影响力的时候，细节处微小的改变，往往能够取得显著的成效。

目　录

Contents

导 读

为什么要强调销售的细节

细节造就完美。世上不可能有真正的完美，但每个人都应该有一个追求完美的心态，并形成习惯。推销员要想成功，就要不遗余力地重视细节上的改进、改进、再改进。每一条跑道上都挤满了参赛选手，每一个行业都挤满了竞争对手。销售工作中，任何一个细节做得不好，就很有可能把客户推到竞争对手的怀抱中。

细节是打开财富之门的钥匙

看一个故事。

美国芝加哥正在举办一场全国博览会，大名鼎鼎的美国五十七罐头食品公司经理汉斯却忧心忡忡。原来，他的层位被分配在全场最僻静的一个角楼上。尽管汉斯多次与筹委会交涉，但筹委会坚持说这项安排是集体做出来的，任何人都无权改变。

汉斯没办法，只好转向全公司职员征求意见，以求改变公司不利的状态。这时，会议室里静悄悄的，连一根针掉在地上都能听得见。突然，一个小小的响声打破了宁静——不知哪位员工口袋里的硬币掉到地上了。大家都不约而同地把目光投到了地板上。这时，汉斯的大脑里闪出了一个念头——做一种类似刚才落地的硬币这样的东西招揽参观者。

他没有怪罪那位失态的员工，而是微笑着说："谢谢你投了这枚硬币！我找到了一个力转乾坤的办法！"

大家都惊愕地看着汉斯。汉斯接着说："刚才，我看到了大家低头观看硬币的眼神，里面都有一种好奇。我们也可以利用一下观光者的这种心态。"大家听了汉斯的话纷纷称妙。于是，你一言我一语地讨论开了。最后，大家一致决定在会展中投一种小铜牌。几天以后，博览会隆重地开幕了。络绎不绝的参观者们不时发现一种精致的小铜牌，小铜牌上有一行字："请您凭这块小铜牌到博览会阁楼上的汉斯食品公司陈列处换一件可心的纪念品。"

原来僻静的小阁楼顿时人来人往，欢声笑语不绝。在小阁楼内，汉斯公司集中了最好的罐头食品。这些罐头食品经过了最精心的包装，还有最漂亮的姑娘担任销售员。

在本届博览会上，汉斯出尽了风头。到博览会结束，汉斯获纯利55万美元。

一个微小的细节，一块小小的铜牌，为汉斯立下汗马功劳。其实在销售中，某些微小的细节就会带来很大的经济利益。

“机遇偏爱有准备的头脑”这句朴素的格言，包含了深刻的真理。有时候，面对同一个机会，有的人抓住了，有的人却只能眼睁睁地看着它溜走。这是因为抓住机会只是一瞬，但是准备的时间却十分长久，这并不是每一个人都能做到的。

细节有时正是事物的关键所在

对于营销来说，一个营销方案能否取得预期效果，就还原创意和实现创意的过程而言，执行过程中的细节绝对是重中之重。

某乳品企业营销副总谈起他们在某市的推广活动时说：“我们的推广非常注重实效，不说别的，每天在全市穿行的100辆崭新的送奶车——醒目的品牌标志和统一的车型颜色，本身就是流动的广告，而且我要求，即使没有送奶任务也要在街上开着转。多好的宣传方式，别的厂家根本没重视这一点。”

然而，这个城市里很多原来喝这个牌子牛奶的人，后来却坚决不喝了，原因正是送奶车惹的祸。原来，这些送奶车用了一段时间后，由于忽略了维护、清洗，车身沾满了污泥，甚至有些车厢已经明显破损，照样每天在大街上招摇过市。人们每天受到这种不良的视觉刺激，喝这种奶再也没有味美的感觉。

创造这种推广方式的厂家没想到，成也送奶车，败也送奶车。

对送奶车卫生这一细节问题的忽视，导致了原本创意极佳的推广方式的失败。

同样的问题越来越多地出现在各企业的各个营销环节中。很多企业在营销出现问题的时候，一遍遍思考营销战略、推广策略在哪儿出了毛病，而忽视了对执行细节的认真审核和严格监督。

这也回答了，为什么有的企业能够历尽风雨而长盛不衰，而有的企业却只能红火一时便轰然倒下，原因就在于对细节的态度和处理存在着根本的不同。从企业管理的角度来看，细节是管理是否到位的标志。管理不到位的企业很难成为成功的企业，更难以根基牢固。当前，忽视细节、管理不到位是不少企业的通病。如何在激烈的市场竞争中立于不败之地，是每个企业面临的重大课题。今后的竞争将是细节的竞争。企业只有注意细节，在每一个细节上下足功夫，才能全面提高市场竞争力，保证企业的基业长青。在企业的基本战略成形以后，决定企业成败的就是细节管理。

在高科技日新月异，经济全球化飞速发展的形势下，细节成为产品质量和服务水平的有力表现形式。企业只有细致入微地审视自己的产品或服务，注意细节、精益求精才能让产品或服务日臻完美，在竞争中取胜。同样，如何处理好细节，从企业领导方面看，是领导能力与领导水平的艺术体现；从企业作风上看，是企业认真负责的精神体现；从企业发展上看，是企业实现目标的途径。

成功和平庸，有时只是细节的差别

世界级的竞争，就是细节竞争。在现代社会，重视细节已经深入人心。作为卓越的营销人员，要从细节入手，把工作做细，从而具有极其强大的竞争威力。

乔·吉拉德的成功，很大程度上归功于他善于抓住生活中的小细节，精心地用热情去温暖每一个人，这其中当然包括他的客户。

一次，一位中年妇女走进乔·吉拉德的展销室，想借看车打发一下时间。在闲谈中，她告诉乔·吉拉德自己想买一辆像她表姐开的那样的白色福特车，可对面福特车行的推销员却说自己有约，让她过一小时后再去，所以她就先来这儿逛逛。

乔·吉拉德并没有因夫人说无意购买自己的车而失望，他依然微笑着对这位夫人说："夫人，欢迎您来看我的车。"

这让这位夫人感觉很亲切。后来，他们攀谈了起来，在闲谈中这位夫人非常兴奋地告诉乔·吉拉德："今天是我55岁的生日，我想买一辆白色的福特车送给自己做生日礼物。"

乔·吉拉德听到这里，赶紧热情地向她道贺："夫人，祝您生日快乐！"然后，他轻声地向身边的助手交代了几句。

乔·吉拉德领着这位夫人从一辆辆新车面前慢慢走过，边欣赏边做介绍。

当他们来到一辆雪佛兰车前时，乔·吉拉德说："夫人，看来您很喜欢白色。瞧这辆双门式轿车，也是白色的。"

就在这个时候，助手走了进来，把一束玫瑰花交给了乔·吉拉德。乔·吉拉德把这束漂亮的玫瑰花送给了这位夫人，并再次真诚地祝福她："祝您长寿，尊敬的夫人。"

此情此景，让这位夫人感动得热泪盈眶，她非常激动地说："先生，太感谢您了！我已经很久没有收到别人的礼物了。刚才那名福特车的推销员看到我开着一辆旧车，肯定从心里认为我买不起新车，所以在我要求看看车的时候，他就推辞说先要出去收一笔钱，我只好上您这儿来等了。现在想一想，也不是非要买福特车不可的。”

最后，这位夫人决定在乔·吉拉德这儿购买车，她最终买走了那辆白色雪佛兰，并且签的是全额支票。

其实，乔·吉拉德自始至终没有一句劝说这位夫人购买自己产品的话，他只是抓住了细微的机会，给夫人送了一束玫瑰，这就无形中架起了彼此沟通的桥梁，让这位夫人感受到了自己被重视和被尊敬。这份温暖的感情，让顾客不由得对推销员产生了深深的信任感，从而放弃了原来的打算，转而选择了乔·吉拉德的产品。

乔·吉拉德认为：卖汽车，人品重于商品。一个成功的汽车推销员，肯定有一颗尊重普通人的爱心。真诚的爱心是一种内在的精神品质，能直达人的心灵。而乔·吉拉德的爱心体现在他的每一个细小动作上，这无疑是助他成功的重要法宝。

营销人员经常面对的都是看似琐碎、简单的事情，却最容易忽略，也最容易错漏百出。“大处着眼，小处着手”，与魔鬼在细节上较量，才能达到销售的最高境界。

所以，营销人员之间的竞争，往往就是细节的竞争。让每一个细节的个人理念都发挥到极致，就形成了特色。有特色才能生存、才能壮大。细节无处不在，细节才能使一个人的发展真正实现从“0”到“1”的质变。

终极竞争在于细节的竞争

宝洁公司刚开始推出汰渍洗衣粉时，市场占有率和销售额以惊人的速度向上飙升，可是没过多久，这种强劲的增长势头就逐渐放缓了。宝洁公司的销售人员非常纳闷，虽然进行过大量的市场调查，但一直都找不到销量停滞不前的原因。

于是，宝洁公司召集了很多消费者开了一次产品座谈会。会上，有一位消费者说出了汰渍洗衣粉销量下滑的关键，他抱怨说：“汰渍洗衣粉的用量太大。”

宝洁的高层管理人员忙追问其中缘由，这位消费者说：“你看看你们的广告，倒洗衣粉要倒那么长时间，衣服是洗得干净，但要用那么多洗衣粉，算起来更不划算。”

听到这番话，销售经理赶快把广告商找来，计算了一下展示产品部分中倒洗衣粉的时间，一共3秒钟，而其他品牌的洗衣粉，广告中倒洗衣粉的时间仅为1.5秒。

就是在广告上这么细小的疏忽，对汰渍洗衣粉的销售和品牌形象造成了严重的伤害。

这是一个细节制胜的时代，对于自己的工作，无论大小，都要了解得非常透彻，数据核算得非常准确，事实掌握得非常真实，这样才能脚踏实地完成宏伟的目标。

美国绝大部分企业家都知道一些十分精确的数字，比如全国平均每人每天吃几个汉堡包、几个鸡蛋。之所以要了解得这么清楚，是因为他们想确保多方面的优势，不给竞争者可乘之机，哪怕是一些细枝末节的漏洞。

只要保证产品在一比一的竞争中获胜，那么整个市场的绝对优势就形成了，而这些恰恰是市场拓展的精髓所在：要打败对手，唯有做到比对手更细！

任何细微的东西都可能成为“成大事”或者“乱大谋”的决定性因素。家乐福单是在选择商圈上就可谓细致入微，它通过5分钟、10分钟、15分钟的步行距离来测定商圈；用自行车的行驶速度来确定小片、中片和大片；然后对这些区域再做进一步的细化，某片区域内的人口规模和特征，包括年龄分布、文化水平、职业分布以及人均可支配收入等。如此细微的规划和考察，是家乐福曾经一直保持在零售业第一梯队的关键原因之一。

类似的以细节取胜的经营之道早已成为一种流行趋势，例如，很多餐厅准备了专供儿童使用的“Baby椅”；客人吃完螃蟹后滚烫的姜茶便端送到其手中；商场在晚上关门前会播放诸如《回家》之类的音乐，让客人在萨克斯的情调中把轻松带回家……

在这么多例子中，把细节服务做到极致的是诺顿百货公司。这个由八家服装专卖店组成的百货公司，靠的就是细节服务取胜，而不是削价赢利的竞争策略。诺顿百货公司的细节化服务如下：

——替要参加重要会议的顾客熨平衬衫；

——为试衣间忙着试穿衣服的顾客准备饮食；

——替顾客到别家商店购买他们找不到的货品，然后打7折卖给顾客；

——在天寒地冻的天气里替顾客暖车；

——有时甚至会替顾客支付交通违章的罚款。

诺顿公司的总裁约翰先生在服务的细节上起到了带头作用，在高峰时间他从不占用可以多容纳一位顾客的电梯，而是从楼梯走上走下。

在诺顿百货公司的细致服务下，大批的忠实顾客都喜欢把自己称之为“诺家帮”，诺顿百货公司也因此长盛不衰。可以说，做事情就是做细节。

第一章

令客户双眼放光的9个产品细节

用产品说话是向客户推销产品最有力的说明。销售人员在向客户推荐产品时，仅仅口头上说好，显然是不够的。在必要的时候，还必须向客户展示其优点。在面对众多的同类产品时，更要突出产品的与众不同之处。对销售员来说，展示完美的产品很难，那需要每一个细节都完美。但毁坏产品很容易，只要一个细节没注意到，就会带来难以挽回的影响。

产品至上，认真塑造产品形象

当你把一个精美的产品摆在客户面前的时候，你认为客户会从什么方面来刁难你？既然你要把产品销售给对方，你怎么证明他需要你的产品呢？这样的产品在市场上会只有你一家吗？客户也许会采取“鸡蛋里挑骨头”的手法来打击你，挑你产品的缺点。当一大堆缺点从客户嘴里一个一个蹦出来时，你能一一解答，而且对答如流吗？你能让客户在你的言辞里只看到产品的优点，而看不到产品的缺点吗？你能让客户在众多同类产品中对你的产品情有独钟吗？让客户知道这些特殊利益，靠的就是产品推荐。

产品推荐，就是你系统地通过一连串需求确认、产品特性、优点及特殊利益的陈述，使客户产生购买的欲望。成功的产品推荐技巧，能让客户认同你提供的产品或服务能解决他的问题或满足他的需求。

一位推销员向医院推销产品：“我们这种药是所有治疗肝病的中药中最好的一种，对患者可以说是药到病除。”

医生：“你也真敢吹牛，这种药我们试用过，效果并不怎么样。”

院长：“这种药真的没有疗效吗？”

医生：“其实还是有一定疗效的，它确实能够使一些患者病情减轻，但并不像他说得那么好。如果他把市场试用的实际情况告诉我，还是可以接受的，但他为什么要如此夸大商品的疗效呢？”

有的销售人员担心顾客嫌产品不好，在向顾客介绍产品时，总是喜欢夸大产品的优点，什么“用了我们公司的化妆品，保管您10天之内面目就焕然一新”“吃了我们公司的营养粉，您的身体一个星期就能健康强壮”等。销售人员在推销产品时只顾吹嘘，以求打动顾客，让他们购买自己的产品，却忘记了尊重事实。销售人员吹牛吹得没有分寸，其实已经相当于说谎了。

如果销售人员总是夸大自己产品的功效，而顾客试用后却没有得到很好的效果，那么今后无论销售人员再向顾客介绍什么产品，都难以取得顾客的信任。产品形象不是靠“吹”出来的，推销员不能任意夸大产品性能，否则往往会适得其反。

有的推销员为了使自己的产品给顾客一个好形象，只强调优点，对缺点或不足却避而不谈，甚至当顾客说出其不足之处，还故意掩饰起来。这种做法其实也是不可取的，虽然应该尽量让顾客知道产品的好处，但适当地说出产品的不足，反而会给顾客一个真实可信的好感。

销售人员乐于夸大自己商品的优点，但这种夸大往往促使客户产生这样的质问：难道你的商品就没有缺陷了吗？商品缺陷肯定是有的，关键是如何界定商品缺陷。

商品本身不会存在大的缺陷，推销员在介绍商品缺陷时，应该尽量让客户感觉到这种商品缺陷是微不足道的，这样就不会动摇客户的购买信心。商品缺陷不能说得太多，否则客户记住的尽是商品的这种缺陷，商品销售怎么能够成功呢？当客户发现产品的缺点并动摇购买的决心时，应尽量采取方法弥补商品缺陷给客户带来的不快，比如给客户一定的优惠条件等。

总之，向客户介绍商品的过程，是展示商品特色和优点的过程，也是努力促成交易的过程。只有客观地介绍产品，在客户面前展示一个真实的产品形象，努力展示商品的优点，吸引客户的兴趣，同时也承认其不足和缺点，才能保证销售工作的顺利进行。

商品没有最好，只有更好。销售人员向客户介绍商品的每一句话都可以看作是销售人员对客户的一个承诺。如果销售人员对客户说商品好，就应该拿出翔实的资料来证明商品确实好，或者通过实验来证明商品确实好。如果销售人员对客户说商品比竞争对手的好，就要拿出资料来证明竞争对手的商品不如本商品的地方。

对于商品的价值，销售人员所要做的，不是夸大而是强调，强调客户所希望的商品的核心价值，强调该商品能够更好地满足客户的需要，强调该商品在满足此方面需要时是行业中的第一，让客户感觉到这种商品就是为他定做的。

销售员在分析产品的时候不要加入个人情感因素，要站在一个客观的角度，好就是好。如若盲目夸大产品的性能，反而会适得其反。客观分析产品，是展现自信的一个基础条件。

在专业化销售中确立独特卖点

为了让自己在商场上崭露头角，你与公司应该为潜在客户或老客户提供一个超越竞争者的独特、明显的好处或优势。如果你做不到，人们就不会和你做生意。因此，你必须将这个优势糅合到推广、广告及销售活动中，包括你和销售员们所说、所做，加上所有使用的材料，例如宣传小册子、销售函等。你不能仅仅挂在嘴上，还要持续不断地实现它，使它活灵活现。也就是说，不管产品的独特卖点为何，你们必须朝夕与共。拥有独特卖点，才能使自己的销售工作更加专业化。

在商场或专业生涯中，客户选择你而舍弃你的竞争对手的一个主要原因，就是在客户及潜在客户的眼中，你看来更令人喜爱、有利及愉快。你越清楚地表现这些优点（提供更多的优惠、福利及愉快偿付），客户选择你的概率也就越大。因此，你必须在客户及雇主的心目中建立一个巨大而能认知的优势。

在商场上，靠独特卖点取得竞争优势的例子数不胜数。有的公司将自己定位为“有最好的选择”或“有最多的选择”，他们的独特卖点是“更多选择”，其他公司可能提供一些限制比较多的选择，但他们的独特卖点是“价格低”或“成本低”。还有，公司可能决定他们并不想靠着单纯的价格或选择而出名，反而愿意以虽稍高但还合理的价格，提供最高品质的产品或服务。商品品质或专卖权对某些人而言，确实是独特的卖点。另外，还是有一些公司以合理的价格提供产品，但是他们明显的销售诉求是提供较佳的服务，或是在安装上的协助。创造独特卖点的可能性是无限的。总之，你最好虚悬以待，寻找填入空档的独特卖点。如果做不到这点，就贸然行事，很难达到你的目标。

诺斯壮百货公司靠着一个独特卖点建立起他们的百货王国，就是如果顾客对所购买的货品不满意，不管是何种原因，都可以百分之百地退货退钱，不问任何问题，不限时间，不是3天、7天、30天，而是即使一年后你对所买的东西不满意，还可以带回来退换，绝对不会有问题。

成功的财务顾问罗夫之所以在20世纪80年代建立了一个2 000万美元生意的新闻帝国，就是他在市场上采取了独特的方法。当大部分财务顾问都摆出了他们是第一流的华尔街高手，只愿意服务于有影响力的投资者时，罗夫却反其道而行之。他说：“我是中产阶级的财务顾问，我知道你们赚钱有多辛苦，而如果赔钱的话对你们有多重要；我也知道你们的退休金有多重要，我尊重你们的状况，我愿意用和别人不同的方法来接近你们，也愿意在一个不同的阶层里来保证你们的利益。”

由此可以看出，明确自己的独特卖点，是专业化销售中必不可少的环节。

突出产品的优势

客户希望销售员能够提供有关产品的全套知识与信息，那么，销售员是不是把所了解的知识一五一十地说给客户就可以了呢？这样罗列产品的特点，显然是错误的。销售员要学会抓住产品的特点，介绍时要突出重点，也就是通常所说的“卖点”。这个“卖点”必须是能够吸引客户注意的产品本身具有的优点。因为有些客户根本没有时间听销售员长篇大论地介绍产品，落入俗套的讲解不仅不能吸引客户，反而会使客户反感，遭到客户的拒绝。只有充分抓住产品的卖点，才能够引起客户的兴趣。

商场里出现了这样一幕：“小姐，这台冰箱为什么比那一台贵那么多钱？”一位家庭主妇问道。

“因为比另一台要好一些。”售货员小姐答道。

“这个我清楚，可是我想知道的是，究竟好在哪里？它有什么突出的优点，要值那么多的钱？”客户继续问道。

“嗯，这个我不清楚，我只是负责卖的。”

“真是奇怪的理由，你既然卖它，却不知道它到底有什么优点？你不能告诉我它有什么优点，那你又怎么能把它卖给我呢？”

售货员哑口无言。

商品的性能特征由商品的功能特点具体构成，而商品对客户的价值，就是该商品的卖点所在。

当客户说出愿意购买商品的条件时，销售员要将自己商品的特征和客户的理想商品进行对比，以明确商品哪些特征是符合客户期望的，客户的哪些要求是难以实现的。在进行一番客观的对比后，销售员就能够有针对性地对客户进行劝说。

任何一种商品都有它的卖点和优势。销售员可以通过强调商品的卖点与优势，对客户发动攻势。在强调商品优势时，必须实事求是。

当然，不同的顾客有不同的需求，对产品卖点的关注点也不同。比如，有的顾客关注产品质量，有的顾客关注产品性能、特征和用途，有的顾客关注价格，等等。推销员在介绍产品的卖点时，不能把某一卖点介绍给不同需求的顾客。你认为是卖点的地方，却可能不是顾客所关注的。

要想让顾客关注产品，聪明的推销员都懂得有卖点说卖点，无卖点创造卖点。

一位售楼小姐对两位企业的负责人推荐办公大楼，就是以此法来进行的。对她所要租出去的房间嫌小的老板，她就说："办公室太大，不但浪费租金，水电负担也重，地广人稀，人气不旺，财运就不旺，与其太大不如小一点，看起来热闹而温馨。而且，根据经验，办公室小一点，人际关系比较融洽、和谐，比大而无当的公司沟通协调上有利多了，有助于团队精神的培养。"

碰上嫌房间大的公司老板，她就说："在过去，租我们这栋大楼的公司生意都好得不得了，虽然面积稍大，但根据经验恐怕两个月之后你就嫌小了。住大一点的公司，气魄会越来越大，生意是往远处看的，否则何必搬迁？我认为考虑两年后的生意发展环境，比较合算。"

不同的客户会看中商品的不同卖点，一名优秀的销售员会以敏锐的眼光洞悉客户的内心更倾向于哪一点，从而采用不同的说服方法，向客户重点展示他所看重的那一功效。

销售员针对客户的实际需求，强调所推销的商品给客户带来的种种好处，可以引起客户的注意和兴趣，客户会被这些利益打动，至少他们知道，这种商品是可以令自己的某些需求得到充分满足的，从而有助于销售目标的实现。

以专家的眼光介绍商品

如何进行商品介绍是所有公司销售员入门的必修课，也是最基础的技能。普遍采用的方式大同小异，但最重要的一点是，销售员在客户询问商品时，应该以专家的眼光来介绍某一商品的功能、特性等方面内容。

有一位客户到家具店想购买一把办公椅子，销售员带客户看了一圈。

客户："那把椅子多少钱？"

销售员："600元。"

客户："这一把为什么比较贵，隔壁有一把和这个看起来差不多，只要250元。而且我们觉得这一把应该更便宜才对！因为那一把确实比较漂亮。"

销售员："先生，请您坐下来亲身体验一下。"客户依着他的话，坐了一下，感觉比250元的那款稍微硬一些，坐起来还蛮舒服的。

销售员看客户试坐完椅子后，接着告诉客户："250元的那把椅子坐起来较软，觉得很舒服，而600元的椅子您坐起来觉得不是那么软，是因为椅子内的弹簧数不一样。我们这款椅子由于弹簧数较多，绝对不会因变形而影响到坐姿。不良的坐姿会让人的脊椎骨侧弯，很多人腰痛就是因为长期不良的坐姿而引起的。而且就这把椅子来说，光是弹簧的成本就要多出将近100元。同时，这把椅子的旋转支架是纯钢的，它比一般非纯钢的椅子寿命要长一倍，不会因为过重的体重或长期的旋转而磨损、松脱。您也知道，椅子的这一部分坏了，椅子也就报废了，因此，这把椅子的平均使用年限要比那把多一倍。”

“另外，这把椅子看起来不如那把那么豪华，但它完全是依人体工程科学来设计的，虽然坐起来不是那么软，却能让您坐很长时间都不会感到疲倦。对成年累月坐在椅子上办公的人来说，一把好的椅子实在是非常重要。这把椅子虽然不是那么显眼，却是一把精心设计的椅子。那把250元的椅子很好看，但是质量就差了一点。”

客户听了这位销售员的说明后，心里会想：为了保护我的脊椎，就是贵800元我也会购买这把较贵的椅子。

多了解产品知识很有必要，产品知识是建立热忱的两大因素之一。若想成为杰出的销售高手，工作热忱是不可或缺的条件。乔·吉拉德告诉我们，一定要熟知你所销售的产品的知识，才能对你自己的销售工作产生真切的工作热忱。要激发高度的销售热情，你一定要变成自己产品的忠诚拥护者。如果你用过产品而满意的话，自然会有高度的销售热情，不相信自己的产品而销售的人，只会给人一种隔靴搔痒的感受，想打动客户的心，就很难了。

我们需要产品知识来增加勇气。许多刚出道不久的销售人员，甚至已有多年经验的业务代表，都会担心顾客提出他们不能回答的问题。对产品知识知道得越多，工作时底气越足。

产品知识会使我们在与专家对谈的时候，更有信心。尤其在我们与专业采购人员谈生意的时候，更能证明充分了解产品知识的必要。可口可乐公司曾询问过几个较大的客户，请他们列出优良销售人员最杰出的素质，得到的最多回答是，“具有完备的产品知识”。

你对产品懂得越多，就越会明白产品对使用者来说有什么好处，也就越能用有效的方式为顾客做说明。

此外，产品知识可以增加你的竞争力。假如你不把产品的种种好处陈述给顾客听，如何能激发起顾客的购买欲望呢？了解产品越多，就越能无所惧怕。产品知识能让你更容易赢得顾客的信任。

能用一大堆事实证明做后盾，是一名销售人员成功的信号。越深入地了解和掌握产品知识，包括产品的构造和性能，越会使推销员更像专家，进而赢得客户的信赖。

卖商品不如卖效果

销售员推销的对象是商品，但是你应该明白的是，有时候卖商品不如卖效果。

比如别墅、名车、高尔夫会员证等高档次的商品，它们往往是地位与身份的象征，所以，不妨在这个“地位与身份”上大做文章；汽车、音响、录像机、旅行装备、空调设备等生活商品，是人们追求舒适和欢乐所需要的，所以，可以不遗余力地向客户强调它们的使用效果及卖点所在；微波炉、复印机、全自动洗衣机、电脑等商品，应该在功能和经济性上给对方以“利诱”；钢琴、大型音响设备、昂贵的化妆品、珠宝等奢侈品，可以抓住客户的虚荣心而进行渲染。强调商品所产生的使用效果，有侧重地加以说明，便会恰到好处地吸引住你的客户。

国外一个著名的销售员曾说过：“如果你想勾起对方吃牛排的

欲望，将牛排放在他面前，固然有效。但最令人无法抗拒的是煎牛排的‘吱吱’声，他会想到牛排正躺在黑色的铁板上，吱吱作响，冒油，香味四溢，不由得咽下口水。”正是这种“吱吱”的响声使人产生了联想，刺激了人的欲望。

有一位推销空调的高手从来不滔滔不绝地向客户介绍空调机的优点如何如何，因为他明白，在很多情况下，人们并非完全因为东西好才想得到它，而是由于先有相应的需求，才会感到东西好。如果没有需求的话，东西再好，他也不会买。

所以，他在推销他的商品时并不说“这样闷热的天气，如果没有冷气，实在令人难受”之类刻板的套话，而是把那些有希望购买的潜在客户，想象成刚从炎热的阳光下回到一间没有空调的屋子里，然后再诚恳地对他说：“您在炎热的阳光下挥汗如雨地工作后回家来了，当您一打开房门，迎接您的是一间更加闷热的蒸笼。您刚刚抹掉脸上的汗水，可是额头上立即又渗出了新的汗珠。当您打开窗子，但一点风也没有。您打开电扇，吹来的却是热风，使您本来就疲劳的身体更加烦闷。可是，您想过没有，假如您一进家门，迎面吹来的是阵阵凉风，那将会是一种多么惬意的享受啊！”

让顾客看到实际效果，比干巴巴地讲一通产品理论要有用得多。顾客购买产品都是为了获得使用价值、满足自身需求的，如果顾客看不到产品的功能和实际用途，是不会有购买欲望的。因此，推销员在推销产品时，与其先夸夸其谈地大讲产品的用处、给顾客介绍产品等，不如直接先在顾客面前演练一下产品的使用方法，让顾客直接看到结果。当顾客看到产品果真很实用、很方便，自然愿意掏钱买下。

卖产品不如卖效果。但需注意的是，并不是所有的商品都适合用现场演示的方法来表现效果。一般来说，适合演示的是那些功能性强、易操作、效果明显的商品。比如，榨汁机、按摩棒、吸尘器等，这些商品功能单一、操作简单、功能诉求性强，在现场演示能立刻将主要功能展示出来，效果非常明显，能让客户立刻清晰地看到利益点。

另外，现场演示的效果要立等可见，如果要过几个小时才能看到效果，客户早就跑光了。比如，紫砂锅要演示其异于普通压力锅、电饭锅的“炖煮”功能，需要几个小时，试想有几个客户会为买一个锅等上那么长时间呢?

展示商品的主旨就是力图让客户亲眼看到、亲耳听到、亲身感受到商品的精美和实用，把商品的特性尽善尽美地表现出来，以引起客户的购买兴趣。

一次示范胜过一千句话

介绍产品时，适当的示范所起的作用也是很大的。一位推销大师说过，“一次示范胜过一千句话。”

示范为什么会具有这么好的效果呢？因为顾客喜欢看表演，并希望亲眼看到事情是怎么发生的。示范除了会引起大家的兴趣之外，还可以使你在销售的时候更具说服力。因为顾客既然亲眼看到，所谓“眼见为实”，脑子里也就会对你所推销的产品深信不疑。

一家大型电器公司一直在向一所中学推销他们用于教室黑板的照明设备。联系过好多次，说过好多好话，都无结果。一位推销员想出了一个主意。他抓住学校老师集中开会的机会，拿了根细钢棍站到讲台上，两手各持钢棍的一端，说：“女士们，先生们，我只耽搁大家一分钟。你们看，我用力折这根钢棍，它就弯曲了。但松一松劲，它就弹回去了。但是，如果我用的力超过了钢棍的最大承受力，它就再也不会自己变直。孩子们的眼睛就像这钢棍，假如视力遭到的损害超过了眼睛所能承受的最大限度，视力就再也无法恢复，那将是花多少钱也无法弥补的。”结果，学校当场决定购买这家电器公司的照明设备。

有一次，一位牙刷推销员向一位羊毛衫批发商演示一种新式牙刷。牙刷推销员把新旧牙刷展示给顾客的同时，给了他一个放大镜。牙刷推销员说：“用放大镜看看，您就会发现两种牙刷的不同。”羊毛衫批发商也学会了这一招。没多久，那些靠低档货和他竞争的同行被他远远抛在后面，从那以后他一直带着放大镜。

纽约有一家服装店的老板在商店的橱窗里装了一部放映机，向行人放一部广告片。片中，一个衣衫褴褛的人找工作时处处碰壁，而另一个找工作的西装笔挺，很容易就找到了工作。结尾显出一行字：好的衣着就是好的投资。这一招使他的销售额猛增。

有人做过一项调查，结果显示，假如能对视觉和听觉做同时诉求，其效果比仅只对听觉的诉求要大8倍。业务人员使用示范，就是用动作来取代言语，不仅使整个销售过程更生动，也使整个销售工作变得更容易。

优秀的推销员明白，任何产品都可以拿来做示范。而且，在5分钟内所能表演的内容，比在10分钟内所能说明的内容还多。无论销售的是债券、保险或教育，任何产品都有一套示范的方法。他们把示范当成真正的销售工具。

有的推销员常常以为他的产品是无形的，所以就不能拿什么东西来示范。其实，无形的产品也能示范，虽然比有形产品要困难一些。对无形产品，可以采用影片、挂图、图表、相片等视觉辅助用具，至少这些工具可以使业务人员在介绍产品的时候，不显得单调。

好产品不但要介绍，还需要示范。一个简单的示范胜过千言万语，其效果可让你在一分钟内，做出别人一周才能达成的业绩。

来一场别出心裁的展示活动

展示商品是一种常见的销售方法，但其具体的方式和内容十分繁杂，从商品陈列、现场示范，到时装表演、商品试用都是。

在一条街道上，“有奖品尝，答对酒名者，奖酒一瓶”这道横幅十分引人注目。许许多多的行人纷纷驻足观看，酒瘾大者挤到柜台前品酒报名，一时间好不热闹。酒厂出产特曲、大曲、三曲等六种系列商品，酒盛在编了号的酒杯中，供客户免费品尝，如果能正确地说出酒名，酒厂将奖酒一瓶。

免费品尝就足够吸引客户了，要是品酒的技术高，答对一两种酒名，得一两瓶奖酒，更是心情大畅。

按一般客户的购物心理，当他对一种商品产生兴趣时，他就会产生强烈的排他性，对于其他同类商品视而不见，只选购认定的商品。酒厂正是根据这一客户心理，采用品酒加奖酒的方法，对客户施加强势刺激，吸引客户。这项别出心裁的展示销售活动取得了巨大的成功，成交额大幅上升。

如果你家中还没有买洗衣机，而又有脏衣服要洗，怎么办?

一家洗衣机厂无偿提供10台全自动洗衣机，供广大客户长期自助洗衣使用。另外，商场又腾出商业黄金宝地来办自助洗衣销售部。这其中有什么“奥秘”？

这种活动可使客户亲自操作，更加详细、全面和实际地了解某品牌洗衣机的功能与独特的优点。而一般的洗衣机厂只把样品摆在商场，客户无从了解其操作是否简洁、能否将衣物洗得干净等。让客户自助洗衣，在购买前先学会如何操作，必将给客户一种强势刺激，当他想购买洗衣机时，这种品牌洗衣机必将成为首选。客户在亲自动手的过程中能更加深入地了解商品，产生亲切感，从而引起购买兴趣。

为了使商品展示活动吸引顾客的眼球，你可以与顾客一起参加互动。在设计演示方法时一定要考虑如何邀请客户参与，参与哪些演示环节，以实现良好的现场互动气氛。比如，演示某杯子“摔不烂”，演示员可以邀请客户拿起杯子往地上摔、用力踩，这样才能使客户彻底信服，并提高参与度。

某品牌保暖内衣，为演示其保暖、抗风等特点，在部分商场组织了一场抗风寒的模特秀：三个模特在冷风凛冽的露天舞台仅穿着保暖内衣，表演了一个多小时，不流鼻涕、不哆嗦，效果非同凡响。现场气氛一下子就“引爆”了，当场销售内衣达200多套。

叫卖对于吸引客户、聚拢人气、创造良好的现场演示气氛是一个行之有效的办法。叫卖必须声音洪亮、用语简单明了，只要卖场允许，声音再大也没关系。洪亮的叫卖声还可以增强演示员的销售信心、鼓舞士气，而且又能使产品形成一定的震慑力，也能给卖场主管一个“热销”的印象。此外，也可利用悬挂条幅、吊旗、堆码、电视等辅助销售工具，进行现场气氛的渲染布置。

此外，演示员要注意演示的动作和姿态。优美、专业的动作在营销时能引起顾客的注意，并能保持购买的兴趣。演示动作应该自然而不造作，优美而不夸张。动作越接近生活、接近实际，就越能打动顾客的心，越有说服力。在设计动作时，应反复推敲以利于多方面展示产品优点。同时，提示的动作要针对顾客的主要购买动机。

演示员要能够表示出对商品珍重、爱护的动作。像鞋店的销售人员拿鞋出来给客户试穿之前，要把鞋子擦亮；珠宝商将展示的珠宝放在天鹅绒上面等。假如你的商品十分轻巧，拿的时候要稍微举高，并且慢慢旋转，好让客户看得清楚。要不时对自己的商品表示赞赏，也让客户有机会表示赞赏。

假如你的商品无法展示出来给大家看，可以打个比方，使顾客产生联想，以求生动的理解，也同样能获得良好的效果。

商品展示活动具有一种现场操作的实际广告效果，以看得见、摸得着的事实取信于客户，自然会收到立竿见影的“展示销售效应”，从而促进商品的销售。

让顾客参与到商品示范活动中

在推销访问的开始阶段，为了引起客户的注意，推销员利用语言抽象地介绍了商品的某种特性，由于商品的特性宣传而形成了客户兴趣的基础。要继续保持客户的注意力，强化客户兴趣的产生，推销员应进一步证实这些具体特性确实存在，且能为客户相信并采纳。

推销专家们认为，证实的方法通常是示范，推销员通过示范让客户亲眼看到产品的特性，更容易使客户产生兴趣。可以说，向客户进行示范的阶段就是促使客户产生兴趣的阶段。在示范过程中，通过特定的动作和场景，推销人员运用各种各样的方法向客户展示某件商品的特性或某项服务的优点，对方的兴趣便会油然而生。

1. 表演示范法

在推销对象面前，为了增加示范的表现力和感染力，推销员应该学会一定的表演技巧。表演示范的主要方法是做动作，有时连色彩、音响、气味等都可以作为表演示范的辅助手段。所以，在客户面前，推销员一个证明产品耐用性的小小旁证或简单示范，都会引起客户浓厚的兴趣，以至决定购买。

卖高级领带的售货员如果只说“这是‘金钟牌’高级领带”，这没有什么效果，但是，如果把领带揉成一团，再轻易地拉平，说“这是‘金钟牌’高级领带”，就能给人留下深刻的印象。

有时，推销员用一点戏剧化的手法进行示范，可以大大增强表演示范的效果。在做表演示范之前，推销员应该精心设计、仔细研究表演示范的程序安排与艺术处理，千万不可草率行事，否则画虎不成反类犬，欲速则不达。表演时应该注意言行动作的优美性，切不可片面追求新奇而使观者反感。最后，表演要有计划，就像导演的电影剧本一样，示范中应反映出推销员精心安排的情节和具体表演的进展程序。有时，推销员在表演中加进一些戏剧性的内容，会更好地增强示范表演的艺术效果。

2. 体验示范法

所谓体验示范，就是在推销过程中使客户亲自接触，直接体会商品的利益与好处。激发客户兴趣的关键，在于使对方看到购买的利益所在。要使群众购买国债，推销员首先应该让他们看到购买国债有获得利息收入的直接经济好处，以及支援国家建设的间接社会美誉，这样一来，就可以促使群众购买。

一位推销人员销售经销权，开着一辆很大的凯迪拉克新车。他到准客户家去接他们，等所有人朝着汽车走过去时，他说道：“天哪，我头好痛，可不可以麻烦您开车？”准客户先生和太太在抵达办公室之前，心里就想着买一辆一模一样的车了。他们很快就决定买下他正在销售的经销权，因为其中的获利足够他们买一辆凯迪拉克。推销员从最开始的5秒钟就使准客户热衷于这笔推销了。

3. 写画示范法

这是一种独特的示范方法。推销员有时可能无法携带实物样品，不能做实物演示的操作讲解，但只要推销员掌握了产品的资料、数据、图片和模型，就可以用纸与笔把所推销的商品介绍给客户。

无论推销哪种产品，都可以做写画示范。对于客户来说，产品越新型、越精密复杂，就越有必要把你的推销具体化。推销员如果会画画，就可以在客户面前利用一些图案、画表加强自己的表达能力和说服能力。某些推销商品一时无法在现场展示，如房屋、车船铺位、宾馆房间，推销员用纸笔画出简单的示意图就能很好地说明问题。把一些数据写下来，比如“21英寸，显像管寿命12 000小时”“已出产此型号电视机30万台，占本地市场35%份额”，并当面交给客户，这样就会有明显强化客户购买兴趣的效果。因此，只要写画出你想说明的东西就够了。

关于这一点，推销员在介绍客户不太熟悉、结构又比较复杂的产品时必须注意。推销员在客户面前一定要说明商品的实用性，尤其是与人们日常生产和家居生活有关的工具和小百货，客户最关心的就是它的使用价值。

一开始便让准客户参与其中，可以让他们帮你拿着样品，让他们相信你。

让准客户有肢体上的参与是推销过程中很重要的一点，让他操作示范、按按钮、复印文件、开车、拿东西、帮助整理东西、打电话、传真文件等。如果可能的话，试着让准客户主持整场操作示范。他自己做得越多，在他下决定前的拥有感便会越浓厚。然后，推销员观察、聆听准客户的信号——大笑、赞美、惊叹声。如果客户表现得很兴奋，推销员必须保持相同的推销策略与对话。显而易见，推销员已经“击中”了客户的要害。

客户一旦掌握了一定的操作技巧之后，使用越熟练，就越想永久地使用，这非常有利于达成交易。碰到对方产生兴趣但仍有一些疑问时，推销员也不要迫使客户过早形成结论，特别是在客户需要对产品进行选择时，更不能让他产生受到压力的感觉，以免对以后的推销产生不利的影响。

让准客户跟着你动，比如大声朗读、扮演一个示范角色、做测试等，任何互动的、有趣的、会引起兴趣的事都可以。有时候，唱20分钟独角戏的效果，还不如10分钟的互动。

完成操作示范时，把东西从客户手中拿走，关掉机器，收起全部的印刷品。这么做可以消除所有令你分心的事，从而再度掌控推销过程。如果准客户要求再次操作某件商品或再看看某件东西——这就是购买的信号了，此时若要完成这笔生意易如反掌。

推销员仅仅向客户介绍产品外观形态是不够的，让客户边操作边讲解产品的功能和特点，准客户的参与感与拥有感会领着他们向购买的方向前进。

让顾客“试用一次”看效果

准顾客想要买你的产品，可又对产品没有信心时，可建议对方先买一点试用看看。只要你对产品有信心，虽然刚开始订单数量有限，然而对方试用满意之后，就可能给你大订单了。这一“试用看看”的技巧也可帮准顾客下决心购买。

一位销售人员正在推销跑步机，可是不知什么原因，一直没有打开他的产品包装箱，一位客户走过来。

客户："这些是什么控制按钮？你们没有一种只有简单开关的跑步机吗？我只想锻炼身体，不想要一部通过阅读说明书才能启动的高科技器械。"

销售人员："其实要学会操作这台跑步机是很容易的，你只需要看一下操作说明书就行了。"

销售人员说着拿出说明书，翻开一页，指着一个图表。

销售人员："看，只要按这里，输入你想锻炼的时间，然后这部机器就会提示你以下的步骤。它会给你几个选项，每个都提供分量差不多的锻炼程序，日后你可以逐渐增加速度和延长锻炼时间。或者如果你喜欢的话，可以慢慢来，暂且选择最基本的来锻炼，让自己轻松一点……"

客户："这么复杂，我看还是算了。"

很多时候，客户是想自己试一下产品的效果或者让销售人员示范一下产品的操作，而销售人员只是向客户解释说明书，让客户按说明书的指示操作，没弄清楚客户的想法，当然导致销售的失败。

让客户试用产品，可以最大限度地降低客户的使用风险，因而受到客户的广泛欢迎。销售人员可以利用客户想要降低风险的心理，将产品交给客户试用。这种方式就像企业将产品交给代理商代理一样，让市场来决定产品的生存权。这种方法能使顾客充分感受到产品的好处和带来的利益，增强其信任感和信心，一旦购买也不会产生后悔心理，并可加强推销员和顾客间的人际关系。

试用成交法能给顾客留下非常深刻的直观印象。目前，在很多高价值、高技术含量的产品领域，试用成交非常流行，比如汽车销售中的顾客试驾、软件销售中的顾客试用体验等。

销售人员甲："你有什么独特的方法来让你的业绩维持顶尖呢？"

销售人员乙："每当我去拜访一个客户的时候，我的皮箱里面总是放了许多截成15厘米见方的安全玻璃，我随身也带着一个铁锤子，每当我到客户那里后，我会问他：'你相不相信安全玻璃？'当客户说不相信的时候，我就把玻璃放在他们面前，拿锤子往桌上一敲，而每当这时候，许多客户都会因此而吓一跳，同时他们会发现玻璃真的没有碎裂开来。然后客户就会说：'天哪，真不敢相信。'这时候我就问他们：'你想买多少？'直接进行缔结成交的步骤，而整个过程只花费很短的时间。"

销售人员甲："我们现在也已经做了同你一样的事情了，那么为什么你的业绩仍然能维持第一呢？"

销售人员乙："我的秘诀很简单，我早就知道当我上次说完这个点子之后，你们会很快地模仿，所以自那时以后我到客户那里，唯一所做的事情是我把玻璃放在他们的桌上，问他们：'你相信安全玻璃吗？'当他们说不相信的时候，我把玻璃放到他们的面前，把锤子交给他们，让他们自己来砸。"

可见，只有让顾客亲自试用过产品，顾客才能充分认识和了解产品，才会对销售人员有充分的信任。

试用成交突出了实践性，具体可有以下几种方式。

1. 建议顾客少量试用，促成二次合作

任何一个人在第一次接触一样新鲜东西时，都会有很多担心，此时可以建议对方先少量试用，如果觉得效果不错的话，再进行第二次合作。

比如："方经理，我们是第一次接触，彼此不是很了解，我有一个建议，您第一次可以少买一点，如果您在使用后觉得效果不错，再多买一点，您看如何呢？"

"按照贵公司业务部门的规模，需要5期才能培训完，不过我建议您先做一期比较好，如果觉得我们的培训的确能够帮得上您，您再增加，您看呢？”

“雷经理，我建议您先开通一个月试试，如果使用一个月后，您觉得很满意，我们再续约，您觉得呢？”

2. 建议顾客试用一次，进而扩大交易

推销成功就是达成并扩大交易。达成交易，是做一个推销员的起码条件。能否扩大交易，才能体现出你是否是一个一流的推销员。

3. 建议顾客先买下试用，不满意再换

当顾客钱紧时，买不起想买的产品，但又顾及面子不愿承认这一点，此种方法最重要。这样的顾客，在你提出让顾客购买的请求之前，你应当提出一个建议，并用成交问题将其锁定。

比如：“我认为现在还是先买下这种型号试用7天，如果感觉不如意，再来换那台价格高的，您说呢？”实际上，顾客来重新换购的可能性非常小。

4. 运用试用成交法的注意事项

试用成交法的运用必须要做好充分准备，并对产品中存在的不足要有清晰的认识并安排好应对策略。否则，会由于顾客试用的时候发现产品存在的不足而导致促销失败。

试用成交法体现了对顾客的尊重和信赖，同时顾客也对销售人员充满了信赖，对产品充满了信赖。这一成交方法真正做到了让顾客亲自体验、亲自感受。因此，试用成交法是比较可靠可行的推销方法，深受客户的青睐。

无论产品还是销售人员的服务，都能从试用的过程中得到验证。但对于没有试用产品习惯的顾客，销售人员不要强行让顾客试用。

第二章

激发客户“购买欲”的10个促销细节

激发客户的购买欲望是指销售员通过销售活动的进行，在激起客户对某商品的兴趣后，努力使客户的心理产生不平衡，并且对感兴趣的商品持积极肯定的心理定势与强烈拥有的愿望，从而导致购买行为。销售人员必须顺应顾客的心理活动轨迹，审时度势，及时在“促”字上下功夫，设法加大顾客“得”的砝码，不断强化其购买动机，采取积极有效的推销妙计去坚定顾客的购买信心，敦促顾客进行实质性思考，加快其决策进程。

激起好奇心，就能打开客户的钱袋子

乏味的介绍不能给客户带来丝毫的关注点和兴趣。与其干巴巴地做推荐，不如制造一些悬念，让客户对你的产品感到好奇，好奇心强烈，购买欲望自然也就强烈了。

面对一个会有效调动客户好奇心的销售人员，客户会产生这种心理：这个销售人员让人感觉很舒服，他好像对自己推销的产品很有信心，那么肯定有不少人买过，似乎得到过不少肯定，所以应该不错，那我就试试吧！

如果你能激起客户的好奇心，你就有机会创建信用，建立客户关系，发现客户需求，提供解决方案，进而获得客户的购买。

一位销售人员推销一条领带，和大多数领带一样，这条领带也只是用丝绸制作而成，但这位销售人员却利用了顾客的好奇心理，加之漂亮的宣传词，让这条普通的领带一下子非同小可了。下面来看看他是如何做到的：

“我今天要奖给演讲比赛的冠军一份特别的礼物，这份礼物的价值非同寻常。你们可别小看这条领带，普通的领带都是用油纸袋或者纸盒包装，好的领带是木盒包装。而我这条领带的特别之处在于装领带盒的面料和领带的面料一模一样。你们再看领带的背面，一般的领带背后都是布料的标签，我这领带的背后是纯金属的商标，而且镀了金，上面刻着设计者的名字以及领带的品牌名。这条领带是意大利著名领带公司设计的，只做了四条。设计师是那家设计公司最好的设计师。这条领带价值800美元。

“各位，重点不是这四条领带面料值多少钱，制作工艺值多少钱，设计值多少钱，重点是这四条领带全球绝版。前两天有两条被英国皇室的两位小王子买走了，他们兄弟一人一条。另外两条中的一条被美国前总统克林顿先生买去了。余下的一条被美国最著名的比弗利山庄旁的世界最好的男装店抢先得手，因为我正好认识那位老板，所以才能买到。你们现在想想看，这条领带值不值800美元？”

众顾客：“值！”

可见，销售人员若能利用顾客的好奇心，巧妙地调动顾客的情绪，营造出强烈的购买气氛，成交就容易得多了。

激发客户的好奇心有以下几种方法。

1. 让客户自己判断

有许多方式可以激发人们的好奇心，但最简便的方法就是问“猜猜发生了什么”。

2. 询问刺激性问题

刺激性问题或陈述可以激发客户的好奇心。人们会好奇为什么你要这么问或这么说，这使得人们会情不自禁地想：到底是什么？“我能问个问题吗？”你所要询问的对象一般都会回答“好的”，同时他们还会自动设想你会问些什么。

3. 只提供部分信息甚至坏的消息

有时销售人员花费了大量的时间、不厌其烦地向客户反复陈述自己的公司和商品的特征以及能给客户带来的利益，然而效果并不一定很好。这时，你可以反其道而行之。

销售人员：“王先生，我们的工程师前几天对您的系统进行了测试，他认为其中存在着严重的问题。”

王先生：“什么问题？”

销售人员：“通过研究系统结构，我们发现其中的一个服务器可能会损坏数据。不过好在还有解决的办法。你能不能把有关人员集中起来，以使我们能公开展示一下问题所在，同时解释可供选择的解决方案。”

4. 向客户推荐新奇的东西

新东西人们都想“一睹为快”，所以可以利用这一点来吸引客户的好奇心。

销售人员：“张先生，我们即将推出两款新产品，帮助需要者从事电子商务。或许对您会有用，您愿意看看吗？”

5. 利用趋同作用

如果其他人都有着某种共同的趋势，客户必然会加入进来，而且通常想知道更多信息。

销售人员：“坦率地说，先生，我已经为你的许多同行解决了一个非常重要的问题。”这句话足以让客户感到好奇。

根据你采取的拜访方式的不同，你可以采用不同的激发好奇心的策略。有不少方法可以帮助你做到这一点，只要能让你的客户感到好奇，你就可以发展更多的新客户，发现更多的需求，传递更多的价值，销售业绩也会大大提高。

扩大产品的知名度，广而告之

消费市场上的产品不计其数，顾客所面对的是不同品牌和价格区间的选择。而面对两种不同品牌的相同产品，若价格相距不大，顾客必定会选择知名度较高的品牌。

推销员在推销的过程中，常常遭遇顾客说“没听说过这个产品”“这个产品的牌子没见过”或者“这个产品有人用过吗，效果怎么样”等，如果产品的宣传力度不够，那么销售起来有可能很困难。因为顾客总是热衷于选择知名度较高的产品，或者购买大家都买过、使用过且口碑好的产品。

因此，扩大产品的知名度，是销售不可缺少的手段和策略。而扩大产品的知名度，最有效的方法就是做广告。

在对产品及厂商做了全面的了解后，所需要的就是和广告公司全面配合。一个成功的广告最重要的要素之一就是传达专一的信息。消费者看广告的时间常常只限于几秒到几十秒之间，好的广告必须在这短暂的时间里准确地传达产品信息。

一个有效的广告并不只是告诉顾客有关产品的特点，更要契合顾客潜意识的渴望。一位资深的美国记者曾这样说：“如果有足够的经费，我能使一块砖头被选为州长。”虽然这句话有很明显的夸张成分，但还是可以对广告在现代社会中的力量窥之一斑。

万宝路香烟是1924年在美国问世的。当时，生产商菲利浦·莫里斯公司明确把它作为针对妇女市场的品牌。尽管当时美国吸烟的人数年年都在上升，但万宝路香烟的销路却始终平平，菲利浦公司为此伤透了脑筋。妇女们抱怨香烟的白色烟嘴常会染上她们鲜红的唇膏，红点斑斑，很不雅观。他们就把烟嘴部分换成红色。可是，这一切努力并没有挽回万宝路的命运，菲利浦公司终于在20世纪40年代初停止生产万宝路牌香烟。

一筹莫展但又心有不甘的菲利浦·莫里斯公司派专人带着“万宝路”这个难题来到著名的利奥·伯内特广告公司，向该公司的创办人伯内特先生请教。伯内特在当时的美国广告界已享有很高的声望，是广告界的几位著名的大师之一。他经过深思熟虑和周密的调查后，大胆向菲利浦公司提出：让我们忘掉那个带脂粉香气的女子香烟，而用“万宝路”这一牌子创出一个闻名世界的有男子汉气概的香烟来。

在伯内特和当时的菲利浦公司总经理乔卡尔曼的努力下，一个崭新大胆的广告计划诞生了：产品品牌保持不变，包装采用当时首创的平开式盒盖新技术，并用象征力量的红色作为外盒的主要色彩；不再以妇女为主要对象，而是用硬铮铮的男子汉，在广告中强调“万宝路”香烟的男子汉气概。按伯内特的创意，这种理想中的男子汉也就是后来在万宝路广告中充当主角的美国牛仔形象：一个目光深沉、皮肤粗糙、浑身散发着粗犷、豪迈英雄气概的男子汉，袖管高高卷起，露出多毛的手臂，手指中夹着一支冉冉冒烟的“万宝路”香烟。

这个以牛仔为主角、男子汉气概十足的万宝路广告在1954年问世后，使原来不断滑坡的“万宝路”香烟的销售量奇迹般地在一年后提高了整整3倍，从一个鲜为人知的牌子跃为当时美国品牌销量的第10名。

“万宝路”香烟在牛仔广告的帮助下，逐渐成为美国市场上的一个主要香烟牌子。到1968年年底，“万宝路”香烟在美国的市场份额已达13%，占全美第2位。

产品的品牌代表产品的实力。它能够给消费者一种有关产品品质与价值的保证，更是心理上一种潜意识的认同。

调动客户的“从众心理”

先给大家说一个在零售商场购物的场景——

一名客户在柜台旁看商品，销售员热情地跑过来问：“先生要买什么，我可以帮你。”结果客户说：“我随便看看。”于是离开了柜台。一会儿柜台又来了一群人，大家叽叽喳喳地询问销售员。

过不了一会儿就有一人掏钱买下了一个，于是其他人纷纷准备购买。这时候，先前的客户又出现了！他在旁边认真地听着、看着，还拿起商品反复看。结果他说：“喂，给我也拿一件！”

这是实际发生在每一个柜台前的故事，是你、我、他都可能存有的一种购物习惯，即从众心理。

你在挑选商品的时候是不是也有这样的从众心理呢？你在购买时所关注的是商品的什么呢？价格？信誉？还是对商品的了解和熟悉度？不敢下单，是觉得门槛太高？还是缺少示范，没人在你前面购买这样的商品？

买家看到的“很多人”是如何“看”的呢？在网络这样一个虚拟的购物环境中，客户看到的就是商品的销售量、浏览量以及客户对商品的评价，还有最新商品促销通知等，都能为用户营造这种“绝不仅有你一个人在购物”的环境。营造“有人”而且“人很多”的氛围告诉客户，买这件商品的客户并不仅仅只有你，你购买这件商品是很合情、合理、合群的行为。在你之前，很多人已经购买了这些商品，在你之后还会有很多人继续来买。不用担心，勇敢地点下“确认”键。

这就是我们的“从众心理”，每个人都有，无可避免。

“从众心理”其实是一种客户购买过程的心理活动，通俗地解释就是“人云亦云”“随大流”。大家都这么认为，我也就这么认为；大家都这么做，我也就跟着这么做。销售员如果能有效地掌握或调动客户购买行为中的从众心理，肯定有助于产品的销售。

其实掌握客户的心理，比起其他条件如产品的价格、特色等，在营销上反而更有决定性。因为一切购买行为，到最后都是取决于客户当时的心理导向。

我们通常会发现这样一种现象：客户不论是买东西还是吃饭，

都喜欢往人多的地方去。如哪家商场的人多，那么将会有越来越多的消费者挤进去；哪家大排档生意好，即使没有空位，客户也愿意花时间去等，而不愿意离开。任何商店都是如此。如果客户发现哪家商店的人多，都会不由自主地走进去逛一逛、看一看是不是有什么力度大的促销活动。如果附近的一家商店没什么人，就少有消费者会主动进去看看。这也是所谓的从众心理。有从众心理的客户，有些并不是有急切的需要，而是为了凑热闹，看是否能得到实惠才进行消费，以求得心理上的满足。面对客户的从众心理，销售员可运用“专业、时尚、口碑、热销”的促销语言趁热打铁，促成交易。

客户接受销售员推荐的时候不敢做决定，销售员告诉客户谁谁在使用，尤其是她认识的朋友也在用，客户就会放心地购买。为什么做广告都要找明星或是有影响力的人物呢？因为他们可以影响消费者的消费行为。人们看到著名人物的广告就会顺应大众的心理，营造一种“你想我在使用，我想你也在用，大家想大家都在用”的共同想法。正是“大家想大家都在用”的心理才使广告发挥了巨大的作用。广告就是利用人的从众心理产生效果的。绝大多数的客户对新品牌存在顾虑心理，在客户不能下决定的时候让他看看周围的人都在使用，尤其是客户认识的人，产生的效果会更好，这样的方式可以打消客户的疑虑，让客户放心。

挠到客户的痒处，他就会买

客户的购买欲望往往是非常隐秘的。对自己希望占有的产品，他们会表现得无动于衷，甚至用自己的意志力来克制这种购买的冲动。于是，客户的购买结果就存在着许多不确定因素。这时，千万不要被客户的表象所迷惑，否则你将说服不了任何人。你需要做的，就是想方设法去挖掘客户隐秘的购买欲望。

很多时候，客户一时的感情冲动会影响到其购买计划。业务员只要以积极的心态，不失时机地刺激消费者的购买欲望，就能将一些潜在的成交变为现实的成交。把握住这一点，说服客户将轻而易举。

请看这样一个汽车销售中的场景：

一位年轻时尚的汽车业务员精神饱满、面带微笑地将客户引到汽车前面。

业务员：“这款车是流线型的，最适合年轻人开，尤其是这种银灰色，是今年最流行的颜色，开出去既炫又亮眼。”（示意他可以摸一下）

客户：“看起来很不错。”（客户打开门，然后又关上门，砰——）

业务员：“您看多么扎实！这辆车的结构非常安全，从听关门的声音就知道，一般的车关门声都是空荡荡的，这辆车的关门声您都听到了，多么扎实，单单听关门的声音就很舒服！”（业务员再打开车门，招呼客人进到车里）

业务员：“您一进来是不是就有一种紧紧地被包实的感觉？当您开车的时候会觉得很安全，然后您看发动引擎，踩下油门，您有没有听到怒吼声？仿佛在跟我们说：‘我想要出去跑了！’”

客户：“是啊！我感觉到了！”

业务员：“当您拥有这样一辆车时，您一定会得到朋友们更多的羡慕，而且很适合您的身份。”

客户：“嗯，那就要这辆车吧。”

在上例中，这位汽车业务员通过让客户触摸车身、开关车门、坐到车子里面等，满足了客户的参与感，激发了他潜意识中购买车子的欲望。通过强调车子的舒适性和客户拥有这辆车后的感觉，充分调动了客户的想象力，从而激发了客户的占有欲，使他对这款车子欲罢不能，最终买下了这辆车。

对客户进行说服的过程，就是激发客户占有欲的过程。

那么，怎样做才能激发客户潜意识里的占有欲望，对客户成功实施说服呢？通过形象化的语言，可以充分调动客户的想象。所以，一个成功的业务员，首先应该是一个调动想象力的专家。在与客户交流时，你不仅希望你的客户能够听到，同时也希望他们能够"看"到你说的话。客户在头脑中"看到"才会有感觉，才会调动起想象来。

如果一个普通的业务员去销售柠檬，他可能会对客户说"买我的柠檬吧"或是"柠檬大拍卖"。但是，如果运用说服式销售，你会说："看看这些漂亮的柠檬，把它带回家，一切开，就会看到阳光的影子，你可享用最新鲜、充满维生素的柠檬汁！"

你不得不承认，听到最后一种说法时，就像亲自尝到柠檬汁的感觉。这就是要引起客户使用产品时的想象，调动他们的潜意识，激发他们的购买欲望。

销售的目的是成交，而实现成交的途径就是要让顾客产生购买的欲望。如果顾客不是抱着一定的目的和需求去购买商品，一般购买欲望是不强烈的，他们只是喜欢"随便看"或"欣赏"商品。

聪明的销售人员都善于激发顾客的购买欲，当专业的销售人员遇到对自己的需求并不清楚的顾客时，可以利用专业知识帮助客户做出正确的选择。

下面是一些典型的客户潜在需求的信号，销售人员如能迅速捕捉，则可以有效激发客户的购买欲："我现在使用的某产品速度太慢……""我公司的某部门一直想解决某难题……""这个问题已经让我头疼很久了……"

从这些话中可以得知，客户可能需要你为他做点什么，但此时客户的心里也并不清楚究竟需要你做什么。

"我想……""我希望……""我们对某某产品感兴趣……""我正在找……"如果客户这样说，那么表示他主动要求想解决问题或需要帮助，此时你不应忽视这些"愿望"中暗藏的需求，应及时地挖掘出来。

对于购买欲不强的顾客，激发客户的购买欲是很必要的，这也是销售人员实现成交的关键步骤。你不可能要求每位顾客都毫不犹豫地购买你的产品，你能做到的只是在所有可能购买的顾客中争取更多的成交。

"买了衬衫，您一定还需要一款领带"

当满足了顾客的明确需求时，你还可以问对方："您还需要什么？"比如，当顾客点完一盘菜，你可以问："需要加一份饮料吗？"这样的问话能够使顾客增加购买，实现扩大销售。

现代销售中，有很多方法和技巧都是围绕激发顾客购买欲进行的，让顾客产生迫切购买的心理。根据顾客早先购买的商品，发现顾客的多种需求，进而销售多种相关商品，以满足其需求。

客户："好的，这条领带我喜欢，就买它了。"

销售人员："您打算穿什么样的西服来配这条领带？"

客户："我想穿我那件藏青色西服应该很合适吧？"

销售人员："先生，我这儿还有两款漂亮的领带正配您的藏青色西服。”

客户：“是的，正如你所说，它们确实很漂亮。”

销售人员：“再看一看与这些领带相配的衬衣怎么样？”

客户：“我想买一些白色衬衣，可我刚才在哪儿都没有找到。”

销售人员：“那是因为您没有找对地方，您穿多大号的衬衣？”还没有等客户反应过来，销售人员已经拿出了四件白色衬衣。

销售人员：“先生，感觉一下这种质地，难道不是很棒吗？”

客户：“是的，不错。”

最后，客户一下拿了三件衬衫，心满意足地离开了。

面对客户的要求，善于多角度地联想，让思维发散而不是集中于一点，这也正是优秀销售人员必备的技巧。很多销售人员之所以业绩难有突破，原因是只就产品推销，只看到产品这一个点，和客户需求的一个方面，不会让产品带动多个产品，不会挖掘客户的其他潜在需求。认为只要把这件商品卖成功，满足客户需求就行了，至于其他产品怎么卖，是以后的事情。

思维灵活的推销员不仅能满足客户的需求，而且能够把握客户的心理，刺激客户的欲望，调动客户的情绪，引导客户消费更多的产品，拿到尽量多的订单。所以，销售人员要讲求灵活应变，运用以点带面的方法，激发客户的购买欲，让客户买到更多的产品。

1. 逐步促进客户购买

从客户的一个需求点引导出多个需求点，而这种成功来自敏捷的思维。在进行推销时，利用各种技巧来引起客户的注意，使客户对你所推销的产品产生特别的关注，进而引导出客户的需求。在满足了客户的需求之后，销售人员不应把它看做是成交的结束，应该及时地把注意力转向其他产品，再次进入推销的开始阶段。也许这一次的推销过程要困难些，因为客户已经买到了需要的产品，对其他的产品不再有兴趣。这时你可以运用联想法，帮助客户将产品与其他物品联系起来，营造出和谐的气氛和美感，让客户觉得少了某件东西看上去很不协调。比如，“客厅已经很美了，如再添上这个产品，一定会锦上添花”“您的衬衫看上去很不错，如再配上我们的西裤或领带，效果会更棒”，等等。

2. 实施优化组合

将买一送几的套餐、抽奖、返券、积分等传统促销工具进行优化组合，让传统工具焕发新意，以新颖形式实现有效诱导购买，如将“买一送一（低附加值赠品）”换为“买一加1元送××（高附加值赠品）”等。

3. 自造节日促销

根据产品特性自行调节，通过节日规模气势形成强势品牌传播与促销，加深产品、品牌记忆点，如保暖内衣品牌“暖倍儿”推出的“暖倍儿温暖节”、家电企业夏季推出的“制冷节”“家电博览会”等。

4. 拓展异业结盟

将产品属性具有相关性、品牌形象具有匹配性的异业产品捆绑起来，进行产品推介、促销，有助于提高品牌权威性、打击对手。

5. 选择特色赠品

目前促销赠品质量低、实用性不强，特色赠品将成为消费者追逐的热点。一是要求“奇、特”，如脑白金里放置金砖的促销，量虽少，但“奇”；二是要求“相关、实用”，如“酷儿”产品上市促销配赠的“酷儿玩偶”无疑品牌相关性更强，更符合儿童玩耍心理。

将客户的兴趣变成购买欲望

欲望是人们对满足需要的愿望，是一种积极的，能转化为动机和行为的情感和心理定势。激发客户的购买欲望是指销售员通过销售活动的进行，在激起客户对某产品（或销售员所在的公司）的兴趣后，努力使客户的心理产生不平衡，产生对感兴趣的产品持积极肯定的心理定势与强烈拥有的愿望，从而导致购买行为。

客户一般产生兴趣后，很快就会转化为购买欲望，这是因为产品的功能能满足客户的需要，也是客户产生购买欲望的根本。客户在对产品感兴趣的同时，会对购买方式产生选择的需要，如购买的安全感、方便与否，售后服务是否良好、方便等。销售员在这方面是有优势的，如能在宣传时恰到好处地指出来，客户是会很快产生购买行为的。

英国作家威廉姆斯创作出版了一本名为《化装舞会》的儿童读物，要小读者根据图书中的文字猜出一件“宝物”的埋藏地点。“宝物”是一只制作极为精美、价格高昂的金质野兔。该书出版后，仿佛一阵旋风，不但数以万计的青少年儿童津津乐道，而且各阶层的成年人也怀着浓厚的兴趣，按自己从书中得到的启示到英国各地寻宝。这次寻宝历时两年多，在英国的土地上留下了无数被挖掘的洞穴。最后，一位48岁的工程师在伦敦西北的浅德福希尔村发现了这只金兔，一场群众性探宝运动才告结束。这时，《化装舞会》已销售了200多万册。

过了几年，经过精心策划和构思，威廉姆斯再出新招，写了一本仅30页的小册，描写的是一个养蜂者和一年四个季节的变化，并附有16幅精致的彩色图画。书中的文字和幻想式的图画包含着一个深奥的谜语，那就是该书的书名，并同时在7个国家发行。这是一本独特的没有书名的书。其要求不同国籍的读者猜出该书的名字，猜中者可以得到一个镶着各色宝石的金质蜂王饰物，乃无价之宝。

猜书名的办法与众不同，不是用文字写出来，而是要将自己的意思，通过绘画、雕塑、歌曲、编织物和烘烤烙饼的形状，甚至编入电脑程式的方式暗示书名，威廉姆斯则从读者寄来的各种实物中悟出所要传递的信息，再将其转译成文字。虽然谜底并不偏涩，细心读过该小册子，十之八九可以猜到，但只有最富于想象力的猜谜者才能获奖。开奖日期定为该书发行一周年之日。届时，他将从一个密封的匣子里取出那唯一写有书名的书，书中就藏着那只价值连城的金质蜂王饰物。

不到一年，该书已发行数百万册，而获奖者是谁还无从知晓，但威廉姆斯本人却早已成为知名人物了。

购买欲望大多来自情感，而不是理智，或者说在购买行为中，总是情感的选择大于理智的选择。美国有一个推销保险的大师，曾一年推销10亿美元的人寿保险。他认为推销中的98%是人情，是销售员对人情的理解，2%才是销售员对产品知识的理解。销售员常常创造出许多有感情色彩的销售环境，有利于客户产生购买欲望。

销售员充分说理，并提供大量信息，可以使客户不断强化与维持购买欲望。情感只是一个心理过程，随着时间的推移，会过去和消失，只有信息与道理，才能加深理解，并使已形成的购买欲望向行为转化，而不是相反。

当然，销售员只是向客户提供了转化兴趣为欲望的可能。真正的转化，还需要销售员的努力。

在客户产生购买兴趣后，要及时检验其对销售员及产品的认识程度。如询问有无不明白、不理解的地方，有无需进一步示范及说明的地方。如果有，要及时解释、示范与说明。了解到客户尚有担忧与疑虑后，要进行反复解释。

如发现客户对销售员、对销售员所在的公司及销售的产品仍有不信任与疑虑，则更要继续做好以诚待人、以情感人、以理服人、以利动人的工作，努力改变客户的态度，要始终坚信“精诚所至，金石为开”。

客户在形成购买行为前总是会多方权衡利弊得失的，如果我们能有针对性地进行多方诱导，让客户意识到拥有产品的多方利益，客户自然会产生强烈的购买欲望。

在由客户的兴趣向购买欲望的转化过程中，推销员可以不讲“过去”，也不要谈“现在”，而要强调“将来”因使用产品而获得的利益。只有让“将来”美好，才是激起客户购买欲望的主要原因。

制造紧迫感，不断施加压力

在推销中，有一些交易似乎是无法完成的，但通过制造紧迫感往往能达到出人意料的效果。

玛丽·柯蒂奇是美国“21世纪米尔第一公司”的房产经纪人。1993年，玛丽的销售额是2000万美元，在全美国排名第四。

玛丽·柯蒂奇曾经创造了在30分钟之内卖出价值55万美元房子的销售业绩。

玛丽的公司在佛罗里达州海滨，这里位于美国的最南部，每年的冬天，都有许多北方人来这里度假。

1993年12月13日，玛丽正在一处新转到她名下的房屋里参观。当时，他们公司有几个业务员与她在一起，参观完这间房屋之后，他们还将去参观别的房子。

就在他们在房屋里进进出出的时候，他们看见一对夫妇也在参观房子。这时，房主对玛丽说："玛丽，你看他们，去和他们聊聊。"

"他们是谁？"

"我也不知道。起初我还以为他们是你们公司的人呢，因为你们进来的时候，他们也跟着进来了。后来我才看出，他们并不是。"

"好。"说完，玛丽走到那一对夫妇面前，露出微笑，伸出手说，"嗨，我是玛丽·柯蒂奇。"

"我是邓恩，这是我太太忒丽莎。"那名男子回答，"我们在海边散步，看见有房子参观，就进来看看。我们不知道……"

"非常欢迎。"玛丽说，"我是这房子的经纪人。"

"我们的车子就放在门口。我们从西弗吉尼亚来度假。过一会儿，我们就要回家去了。"

"没关系，你们一样可以参观这房子。"玛丽说着，顺手把一份资料递给邓恩。

忒丽莎看着大海，对玛丽说："这儿真美，这儿真好。"

玛丽正要掏出自己的名片给邓恩时，忽然停下了手，说："听着，我有一个好主意，我们为什么不到我的办公室谈谈呢？非常近，只要几分钟就到。你们出门往右，过第一个红绿灯，左转……"

在办公室，邓恩开始提出一系列问题。

"这间房子上市有多久？"

"在别的经纪人名下6个月，但今天刚刚转到我的名下。房主现在降价求售。我想应该很快就会成交。"玛丽回答。她看了看忒丽莎，然后盯着邓恩说："很快就会成交。"

这时候，忒丽莎说："我们喜欢海边的房子。这样，我们就能经常到海边散步。"

"所以，你们早就想要一个海边的家了？"

"嗯，邓恩是股票经纪人，他的工作非常辛苦。我希望他能够多多休息，这就是我们每年都来佛罗里达的原因。"

"如果你们在这里有一间自己的好房子，你们就会更经常来这里，并且还会更舒服一些。我认为，这样一来，不但你们将会多活几年，你们的生活质量也将大大提高。"

"我完全同意。"

说完这话，邓恩就沉默了，他陷入了思考。玛丽也不说话，他等着邓恩开口。

"房主是否坚持他的要价？"

"这房子很快就会卖掉的。"

"你为什么这么肯定？"

"因为这所房子能够眺望海景，并且，它刚刚降价。"

"可是，市场上的房子很多。"

"是很多。我相信你也看了很多。我想你也注意到了，这所房子是很少的拥有自己车库的房子之一。你只要把车开进车库，就等于是回到了家。你只要上楼梯，就可以喝上热腾腾的咖啡。并且，这所房子离几个很好的餐馆很近，走路几分钟就到，但这里又很安静。"

邓恩考虑了一会儿，拿了一支铅笔，在一张纸上写了一个数字，递给玛丽说："这是我愿意支付的价钱，一分钱都不能再多了。他不用担心贷款的问题，我可以付现金。如果房主愿意接受，我感到很高兴。"

玛丽一看，只比房主的要价少1万美元。

玛丽说：“我需要你的1万美元作为定金。”

“没问题。我马上给你写一张支票。”

“请你在这里签名。”玛丽把合同递给邓恩。

整个交易的完成，从玛丽见到这对夫妇到签好合约，时间只有半个小时多一点！

实际上，固然这对夫妇很满意这所房子，但他们并没有当时就购买的意思。如果玛丽仅仅是把自己的名片交给他们，99%的可能是，这桩交易会泡汤。玛丽必须利用这对夫妇在现场的有限时间，迅速完成交易。

那么，究竟怎么才能完成交易呢？怎样才能促使客户迅速做出购买决定呢？

玛丽采取了制造紧张气氛的方法：要赶快买，否则就没有了。这是一种抢购情绪。想一想，你肯定也参加过抢购，你当时是怎样的一种心情呢？如果你能调动自己的客户，使他也产生这样的心情，就不怕他不与你签约。

巧妙地向顾客施加压力，是促成生意成功的一个重要技巧。使用推销施压，关键是推销人员应该审时度势，努力做到让顾客从你身上看到一种信心，并感到安慰。这种技巧的掌握，是与销售人员的反应灵敏度有很大关系的，销售人员只有在实践中不断练习才能提高自己的推销技巧。

最后通牒，让客户无回旋余地

最后通牒法是以“这已是最后的出价”或者“这是最低的价钱”的说法来给对方施加压力，以使对方接受你的价格的一种报价技巧。

“这已是最后的出价”听起来似乎已没有任何回转的余地了，其实不然，你可以婉转地表达下述意思使他听起来像是最后的决定，但在必要时，又能允许你有风度地让步。其中的操作要诀，便是找出能使这句话说得模棱两可的办法。

举个例子来说明：

假设你是一个买主，想告诉卖主说：“这张支票是我对于房子和家具最后的出价，我给你四天的期限。倘若你还是不能接受，便可以把支票撕了，然后再通知我一声。”

买方可根据自己的情况采用不同的谈话语气表达自己的企图和许诺：

这是我对房子最后的出价了。即使包括了室内的设施和院子，我也只能出这么多了。

我给你四天的期限，倘若你还是不能接受我的出价，打电话给我。

我给你四天的期限，倘若你还是不能接受我的出价，我再和你联络。

如果四天之内你不通知我，这笔交易就告吹了。

如果四天以内你仍不接受我的出价，我将要购买另一栋房子。

如果四天以内你仍不接受我的出价，我们仍然是朋友。

如果四天之内你仍不能接受我的出价，撕掉支票，祝你好运，把这件事忘了吧！

支票将在四天后失效，所以你有充足的时间考虑。

上述每句话都是在企图表达某种许诺，同时也为自己留下了回旋的余地，关键在于把握好分寸感，出言得当。

“最后出价”能够帮助你尽快赢得签约时机，也能够损害你讨价还价的力量。假如一个人所说的话不被人采纳或相信，谈判的气势也就被削弱了。遣词用句和伺机而行对于这个策略的成功与否至关重要。

如果有人向你表示“最后出价”，不要轻易相信，以下建议会给你帮助：

仔细倾听他所说的每一句话，他可能正在闪烁其词。

假如能达到你的目的，必要时，佯怒含嗔也是可行之法。

让他知道，如此一来就做不成交易了。

考虑是否要摆出谈判的样子，来试探对方的真意。

假如你认为对方将要采取“最后出价”策略时，不妨出些难题，先发制人。

这是谈判时经常使用的一种战略。在某些情况下，“接受这个价格，否则就算了”还是蛮管用的。当不想与对方继续交易时，避免由于对某个客户减价，而导致对所有的客户减价；当对方无法负担失去这项交易后的损失时；当所有的客户都已习惯于付出这个价钱时；当已经将价格降得无法再降的时候，销售员不妨使用最后通牒法，说“接受这个价格，否则就算了”。

有些摩托车手为了考验或表现自己的勇气，经常高速且笔直地冲向其他车辆，结果总会有人闪开以避免碰撞。谈判时也有相同的情形，当对方下了最后通牒的时候，就得面对对方的“最后出价”，这将使自己处于进退两难的境地。不过，幸运的是，商谈里总会有一条折中之路可行，可以装作没有听到，继续说自己的，等待对方首先提出折中的办法。

客户都乐于尝点“甜头”

中国古语云：“欲将取之，必先予之。”这是中国古代兵法中常用的招数，而日本人在现代经商谋略中将这一原则演绎得淋漓尽致。取与予，相反相成，前者是目的，后者是手段。只想得到，不愿给予，这是一厢情愿，做生意也不会赚钱。若要自己受惠，先要施惠于人。有甜头，客户才愿意停留下来慢慢嚼。

日本“佳能”照相机如今是世界名牌产品，但是，当初走进中国改革开放的大市场时，已经慢了半拍，别的牌子的照相机早已挂上了中国摄影记者的脖子。可佳能公司并不因此而止步，他们绝不会望着中国这个巨大的市场而不流口水。怎样占领中国市场呢？他们上演了一出经过精心策划的好戏。

佳能公司经过调查发现，中国众多的摄影工作者、爱好者只能从样本资料上了解佳能EOS照相机的性能，或是从商店的橱窗里看到它的模样，却不能去摸一摸、试一试EOS的功能究竟怎样。佳能公司上海事务所为了使EOS与中国的消费者熟悉起来，成为“好朋友”，就想出了一招。他们把大批佳能EOS照相机借给上海的记者，让他们免费使用40天，同时又请维修部的专家讲解它的功用、性能。

1992年夏天，上海各大报纸和许多摄影记者都用上了佳能EOS照相机。从EOS1到EOS1000，配有各种款式的镜头。拿起相机，他们发现，每个上面都贴有一张“佳能赞助器材”的标签。记者们使用得相当认真，开始时小心翼翼，后来就随心所欲地拍起来……40天匆匆而过，记者们送还照相机时都恋恋不舍。

不久，一些记者通知佳能公司上海事务所，他们打算购置一批EOS……佳能公司以欲取先予的策略打开了中国的市场之门。

佳能公司非常聪明地先让利给客户，然后获得高额的利润，这一点和星巴克很相似。星巴克通过提供额外的服务和方便，在很大程度上提高了客户的停留时间。

星巴克咖啡的核心客户群年龄是25~40岁。经过长期的市场调研，星巴克公司发现这个核心客户群每人每个月平均来星巴克喝18次咖啡。针对这种情况，他们制定了相应的策略目标：一方面，提高客户的上门次数；另一方面，想办法让客户每次停留更久，以便吸引他们喝更多的咖啡，提高业绩。

考虑到越来越多的年轻客户会带笔记本电脑来喝咖啡，2002年8月，星巴克推出服务策略，在1 000家门市提供快速无线上网。客户使用笔记本电脑或PDA（数码记事本）可以无线上网、收发电子信件等。

所以，如果想吸引客户，推销中必须给客户一定的“利”，让他们尝到甜头，才有可能买你的商品。

先予人以利，尔后自己得利，这是先付出后得回报的一种智慧。人世间的事情，有了付出就有回报。付出越多，得到的回报越大；不愿付出，只想别人给予自己，那么“得到”的源泉终将枯竭。这一道理在推销员中同样适用。

借助外力促成交

很多销售人员进了客户的门，就只会面对产品和人，不会关注客户身边的环境因素，所以使推销工作变得很吃力。聪明的销售人员可以这样说：“先生，您看不远处街道拐角的那家鲜花店，门口招牌上写着：送给情人的礼物——红玫瑰。情人节马上就要到了，不知您是否已经给您太太买了礼物？我想，如果您送一套化妆品给您太太，她一定非常高兴。每位先生都希望自己的太太是最漂亮的，我想您也不例外。”这样必能使那位先生心里大为高兴，进而接受产品。

环境因素对销售的影响是巨大的，但是很多时候，人们却总是轻易忽视它的影响。环境的影响一般比较隐蔽和细微，当人们习惯了某种生活方式后，就很少注意。如果采取一定的措施，让环境的影响在销售中凸显出来，就会起到另外一种效果。因为人们一旦发现某种环境因素无形中影响着自己和别人的行为，就会对其重视起来。

某种商品一旦在顾客的印象里，有了一个较为固定的形象后，要想改变则是非常困难的。一些聪明的厂商也就不再和消费者的心理对抗，而是干脆顺着这种心理，改换另一种名称推出新产品。如果你的公司或商品已经在消费者中有了一个形象，若再有新的行动时，一定要考虑到以前形象对新行动的影响关系。

所以，你在进行销售的时候，不要忽视环境的因素，应学会利用环境的影响力，或使一些无形的因素得以凸显，让顾客感受到它的存在，从而发挥应有的影响力，对顾客的行为有所约束或者促进，帮助自己完成销售的目的。来看下面这个案例：

在日本，打火机原先都在百货店或是在附带卖香烟的杂货店里卖。可是，日本丸万公司董事长长山丰在十五年前推出瓦斯打火机时，就把它交由钟表店销售。

如今，日本的钟表店都能见到有打火机卖，但在十几年前，钟表店是看不到打火机的。

丸万公司的瓦斯打火机终于成为世界特级品，它的生产量在最近十年来一直高居世界首位。该公司的打火机之所以能称霸世界，性能优是原因之一，而把别人认为是低级品并放在香烟店、杂货店等低级场所卖的打火机抢先一步放在钟表店销售，这才是其成功的根本原因。

钟表店一向被人认为是卖贵重物品的高级场所，在这里卖打火机，人们一定会视它为高级品。在黯淡的杂货店、香烟店里，上面蒙着一层灰尘的打火机和摆在闪闪发光的钟表店中的打火机，这两者给人的印象当然是相差十万八千里了。

“在杂货店、香烟摊将自己的打火机和别的公司的打火机摆在一起是不太妥当的，应该尽量避免才行！”长山丰董事长这样认为。

在推销方面他并没有什么高见，他也没想到，采取在钟表店销售的方式能收到惊人的效果，能使他的打火机十分畅销。当时他的想法很单纯，他只想避免与同业的竞争。没想到这么一做，立即出尽风头，使人产生丸万公司的打火机非常高级的印象，并终于风行世界。

借助钟表店出售打火机，这一“择高而攀”的营销策略就是利用环境影响促销的具体体现。当然，首先要认清一种商品给消费者印象的层次高低、优劣，然后才可付诸行动。

凸显环境因素，可以使顾客在购买产品时不由自主地对商品加以比较。比如，为了凸显两种物品在价格上的差距，商场会把类似的商品摆在一起，在显眼的位置打上标签，使顾客在对比中选择更适合自己的。通过凸显环境因素，能促使顾客在购买行为上做出某些改变。

借助环境因素，可从以下几点入手。

1. 把低级品放入高级场所出售

这样就改变了人们对低级品的看法，从而使本来不见经传的商品，变成了十分流行、畅销的商品。与此相反，那就是即使再高级的商品，一旦置身于便宜、低级的商品群中，也一样会被认为是廉价的。如以商品价格低廉闻名的日本大卫公司，虽然卖的不全是便宜货，但在一般顾客的印象里，“大卫公司卖便宜商品”已经是根深蒂固了。所以，即便大卫公司有时推出一两件高级品，也很少有人拿它当真正的高级品而问津。

2. 名人效应

英国王妃戴安娜的一颦一笑、一行一止，常常引起西方世界人们的极大兴趣。她穿的服装、梳的发型，各国少女们竞相模仿，甚至还掀起了一股“戴安娜热”。近几年，英国的制造商们抓住了时机，利用这种“王妃效应”来推销商品。

戴安娜的穿着是十分奢侈的。从1992年的2月底至7月底约160天里，她在公开场合露面109次，至少穿了74套不同样式的服装，每件衣服在公开场合穿不上8次。

服装制造商们敏感地抓住戴安娜这种昙花一现式的“时装表演”，纷纷仿制她曾经穿过的服装样式，大批销售。戴安娜曾穿过一种羊毛衣，上面织有一只逗人的小羊，于是这种款式就风靡一时，销售额达100多万美元；她穿过的一种平跟皮鞋也成了时髦，一家制鞋公司销售了280万双这种平跟鞋，价值达6 300万美元。

3. 权威效应

人们为了获得安全感，避免减少损失，常常喜欢“跟着行家走”，因为行家很少会出错，能够指出一个正确的方向。在销售中，顾客往往选择有权威机构认证、有社会广泛认同的产品，因为觉得这样的产品有质量保证，使用安全可靠。在销售与消费过程中，权威效应起到了巨大的影响力，如果销售人员能够巧妙地应用权威的引导力，会对销售起着很大的促进作用。

第三章

把话说到客户心里去的10个说话细节

良好的语言交流是销售人员获取信息，并在其指导下更加出色地进行销售工作必经的核心过程。这不仅意味着把自己的思想整理得井然有序，并将其进行适当的表述，使客户一听就懂，而且还要深入人心，促使对方全神贯注。语言交流是一个双向的过程，它依赖于你能抓住听者的注意力和正确地解释你所掌握的信息。要想把话说好，说到客户心里去，就要注重说话的细节，在细节上狠下功夫，将每句话都说得无懈可击，让每句话都有力度，散发出征服人心的力量。

千篇一律的推销词让顾客厌烦

销售的核心是说服，说服力的强弱是衡量销售员水平的标准之一。很多时候滔滔不绝不但不能说服客户，还有可能引起客户的反感。真正的说服需要技巧。那些真正具有说服力的销售员并非都能口若悬河，只要掌握方法，销售员都能够具有超强的说服力。

在销售谈话过程中，尤其是在双方出现意见分歧的时候，销售员很可能说出一些不恰当的话，使得原本就存在的矛盾变得更激烈。所以，不管客户犯了怎样的错误，都不要在语言上向其发出挑战，即使觉得客户是在挑衅，也不要在语言上迎战，不管是哪种情况，都可以使用更好的、更恰当的方式来维护客户的尊严。

在实际销售中，有的销售员在这方面做得不尽人意，在谈话开场白里经常使用一些枯燥的、千篇一律的语言，这些平淡无奇的开场白丝毫引不起对方的兴趣和关注。比如：

“对不起，打扰您了……”

“我不会耽误您太长时间的……”

“我想占用您一点儿时间，和您谈谈……”

这些表达方式是那些性格软弱的销售员经常使用的，他们用这样的话的目的是不惹客户生气。事实上，这样的说法会令客户更加不满意。因为没有人喜欢在一个并不重要的人身上浪费时间，每个人都喜欢和重要的人打交道，而且与重要人士交谈的时间越长，他们就会越高兴。

销售员在语言表达上不能太软弱。另外，还不能说些“带刺”的话，一般有以下几种情况：

“安先生，您拒绝了我的预约，虽然如此，但我还是来了。”以及“安先生，您拒绝了我的预约。我想我能消除我们之间存在的误会。也正是因为这样，所以我才来找您。”“虽然如此”在所有“带刺”的词汇中是最为明显的。其实，在大多数情况下，我们可用“因此”这个词来代替，这样比较好接受一点。

“您可能误解了我的意思！”如果销售员发现客户误解了自己所说的话，不要强行打断客户为自己辩解。此时，销售员要保持冷静，并从客户的话中找出客户误解的关键点，然后调整自己的思路，重新组织语言。针对客户误解的重点，销售员应重申自己的意思，这样才能说服客户。

“安先生，您的这种想法是错误的。我可以向您证明另一种想法的正确性！”任何时候都不要批评或否定客户，这是对客户的不尊重。销售员的任务是销售，不是为客户纠错。如果客户的错误想法阻碍销售进行，销售员也没必要扮演真理的化身，直截了当地指出客户的错误。在这种情况下，先承认客户合理的一面，再委婉地提出自己的观点，这样更有助于客户接受。

“我能理解您的想法，安先生！但是我们能不能再考虑一下其他几个因素？”这种语言明显是在指责客户考虑问题不周全。

在销售的过程中，销售员要尽量避免出现以上四种情况。

一流的销售员认为，只要运用机智的语言，就可轻松拉近与客户的关系。机智的语言可以帮助销售。

要想成为具有说服力的一流销售员，应该避免消极的语言，要给客户积极的感受。具有说服力与感染力的语言，首先必须是积极的。很多销售员不太注意这一点，所以在销售过程中总得不到客户的热烈响应。一位机器设备销售员在回答客户有关产品性能方面的问题时是这样回答的：“胡总，您说的问题确实存在，这对您的使用不会造成很大的影响。”后来那次销售砸了。几天后，另一位销售同样机器的销售员也来拜访胡总，面对同样的问题，这位销售员是这样回答的：“胡总，我保证您今后几年都会因为购买了我们的产品而高兴的！易于操作、功率强劲一直都是这款机器的特点！”最后这位销售员成功了。因为前一位使用了消极的语言所以失败了，而后一位使用了积极的语言则取得了成功。

不管面对的是怎样的客户，也不管所处的环境如何，如果有积极的词汇可以选择，那么就要完全避免不必要的消极词汇出现。销售员要说“这种产品真的不错”而不要说“它绝对不会出差错”，要说“我们能为您提供更加全面周到的服务”而不要说“和我们合作，您就不必再担心合作伙伴不能履约为您带来的损失”。

总的来说，销售员说话，一是要准确、得体、热情；二是要善于以褒代贬；三是要委婉、文雅，有礼貌；四是要简洁、中肯、客观。这就是销售员要掌握的语言能力。

产品要好看才能好卖，销售员要会说才能有大客户。因此，销售员要有一张能说会道的嘴，要巧妙地利用语言魅力与客户打交道。

设计有创意的开场白

与客户见面或电话拜访，好的开场白是关键。精彩的开场白能够给客户留下深刻的印象，从而有利于推进成交的进程。在访问客户时，不少推销员会问：“有人在吗？我是某某推销员。”这种循规蹈矩的开场白千篇一律，缺乏新意，显得乏味，不能吸引客户。而思维灵活的销售人员会这样说：“XX先生吗？是我。”这样必定会引起客户的兴趣，让客户以为是来了熟人，从而避免了吃闭门羹的尴尬。可见，开场白的表达方式也是一种技巧、一种艺术，作为销售人员不可忽视。

销售员小林如约来到客户的办公室，开口道：“陈总，您好！看您这么忙还抽出宝贵的时间来接待我，真是非常感谢啊！”（感谢客户）

“陈总，您的办公室装修得这么简洁却很有品位，可以想象到您应该是个做事很干练的人！”（赞美客户）

“这是我的名片，请您多多指教！”（第一次见面，以交换名片进行自我介绍）

“陈总以前接触过我们公司吗？”（停顿片刻，给客户留时间，让客户回想或回答）

“我们公司是国内最大的为客户提供个性化办公方案服务的公司。我们了解到，现在的企业不仅关注提升市场占有率和利润空间，同时也关注如何节省管理成本。考虑到您作为企业的负责人，肯定很关心如何最合理地配置您的办公设备并节省成本。所以，今天我来与您简单交流一下，看有没有我们能够帮上忙的地方。”（介绍此次来的目的，突出客户的利益）

“贵公司目前正在使用哪个品牌的办公设备啊？”（问题结束，让客户开口）

最后，陈总面带微笑非常详细地和该销售员谈起来。

销售员小林通过恰当得体的开场白吸引了客户，有了这个漂亮的“开门红”，也就等于迈出了成功销售的第一步。

开场白要达到的最主要目的就是要吸引对方的注意力，引起客户的兴趣，使客户乐于与我们继续交谈下去。同时，如何找出客户最关注的价值点也是开场白的关键部分。

专家们在研究推销心理时发现，洽谈中的顾客在刚开始的几秒钟所获得的刺激信号，一般比以后10分钟里所获得的要深刻得多。因此，为了吸引顾客的注意力，在面对面的洽谈中，说好第一句话是十分重要的。开场白的好坏，几乎可以决定一次推销访问的成败。大部分顾客在听销售人员第一句话的时候要比听后面的话认真得多，听完第一句话，很多顾客就自觉或不自觉地决定了是尽快打发推销员上路还是准备继续谈下去。

开始即抓住顾客注意力的一个简单办法，是去掉空泛的言辞和一些多余的寒暄。为了防止顾客走神或考虑其他问题，开场白上多动些脑筋，开始几句话必须是十分重要而非讲不可的，表述时必须生动有力、语言简练、声调略高、语速适中。以下是十种经典的开场白，在实际运用中不断练习，一定会打动客户的“芳心”。

1. 问句式开场白

比如：“如果你读完这本书发现对你没有很大帮助，你可以把书重新退给我，您看这样好不好？”

2. 建立期待心理的开场白

比如：“我们的合作会让你提升20%的销售业绩。”

3. 假设问句开场白

比如：“如果我能证明这一产品真的有效，您是不是会有兴趣尝试一下呢？”“假如我有一种方法可以帮助你们公司提高20%～30%的业绩，而且这一方法经过验证之后真正有效，您愿不愿意花几百块钱投资在这件事上面呢？”

4. 赞美式开场白

比如：“没想到王经理这么年轻！如此年轻就能取得这样大的成绩，真是令人羡慕！”

5. 感激式开场白

比如：“王先生，很高兴你能够接听我的电话，我知道你很忙，我也非常感谢你在百忙之中能够给我几分钟的时间，我会很简要地说明。”

6. 帮助式开场白

比如：“王先生，在我开始之前，我要让你了解，我不是来向你销售任何产品。在我们今天短短的几分钟的谈话中，我只是问一些问题，来看看我们公司是否在哪些方面可以帮助你更快达成目标。”

7. 激发兴趣式开场白

比如：“您对一种已经证实能够在6个月当中，增加销售业绩20%～30%的方法感兴趣吗？”“我只占用你10分钟的时间来向您介绍这种方法，当您听完后，您完全可以自行判断这种方法适不适合您。”

8. 令人印象深刻的开场白

比如：“我们是一家专业从事销售训练的培训公司，很多国内外知名的大公司都接受过我们的训练。我们的影响力来源于我们每收客户1块钱，就会为企业创造100块钱的利润。”

9. 引起注意的开场白

比如：“你有没有看过一种破了但不会碎掉的玻璃？”一位销售安全玻璃的业务员这样问，以此引起客户极大的兴趣。

10. 两分钟式开场白

比如：“您有两分钟的时间吗？我想向您介绍一项让您既省钱又提高工作效率的产品。”

不要小看了开场白，也许成败就在于这开口的一瞬间。敲门问候、递送名片、说明身份、介绍产品……这老一套的开场模式在现代销售中已经不适用了，如此的“循规蹈矩”已经让客户麻木甚至讨厌，所以改变方式，试一试上面推荐的开场白，也许会让你的客户有一种眼前一亮的好感。

用幽默的语言接近

“买卖不成话不到，话语一到卖三俏”，由此可见销售语言的重要性。销售人员是靠嘴吃饭的，好的口才能够充分展示一个销售人员的个人魅力，同时也能给自己的客户带来愉悦的享受。

每一个人都喜欢和幽默风趣的人打交道，而不愿和一个死气沉沉的人待在一起，所以一个幽默的销售人员更容易得到大家的认可。

两个销售保险的销售人员，分属不同的公司。有一次，客户对保险公司的办事效率产生怀疑。这时A公司的销售员说他的保险公司十有八九可以在意外发生的当天就把支票送到投保人的手中。而B公司的销售员却对我说：“那算什么！我的一位客户不小心从楼上摔下来，还没有落地的时候，我已经把赔付的支票交到了他的手上。”

最后，客户会选择哪一家保险公司还用得着问吗?

再让我们看看原一平进行直接访问的实例。

“您好！我是明治保险的原一平。”

“喔——”对方端详他的名片有一阵子后，慢条斯理地抬头说，“两三天前，曾来过一个某某保险公司的销售员，他话还没讲完，就被我赶走了。我是不会投保的，所以你多说无益，我看你还是快走吧，以免浪费你的时间。”

此人既干脆又够意思，他考虑真周到，还不忘替原一平节省时间。

“真谢谢您的关心，您听完我的介绍之后，如果不满意的话，我当场切腹。无论如何，请您拨点时间给我吧！”原一平一脸正经，甚至还装得有点生气地说。

对方听了忍不住哈哈大笑说："哈哈哈，你真的要切腹吗？"

"不错，就像这样一刀刺下去……"原一平一边回答，一边用手比划。

"你等着瞧吧！我非要你切腹不可。"

"来啊！既然怕切腹，我非要用心介绍不可了！"话说到此，原一平脸上的表情忽然从"正经"变为"鬼脸"，于是准客户和他不由自主地一起大笑了。

上面这个实例的重点，就在设法逗准客户笑。只要你能创造出与准客户一起笑的场面，就突破了第一道难关，并拉近了彼此的距离。下面让我们再看一个实例。

"您好！我是明治保险的原一平。"

"噢！明治保险公司，你们公司的销售员昨天才来过。我最讨厌保险了，所以他昨天被我拒绝了！"

"是吗？不过，我总比昨天那位同事英俊潇洒吧！"原一平跟对方开了一个小玩笑，一脸正经地说。（开这种玩笑时，声调与态度要特别留意，一不小心会引起对方的误会，以为你瞧不起他）

"什么？昨天那个仁兄啊！长得高高的，哈哈哈，比你好看多了。"

"矮个儿没坏人，再说辣椒是越小越辣哟！俗话不也说'人越矮，俏姑娘越爱'吗？这句话可不是我发明的啊！"

"哈哈！你这个人真有意思。"

不论如何，总要设法把准客户逗笑，然后自己跟着笑。当两个人同时开怀大笑时，陌生感消失了，彼此的心在某一点上也就沟通了。

幽默可以说是销售成功的金钥匙，它具有很强的感染力和吸引力，能迅速打开客户的心灵之门，让客户在会心一笑后对你、对商品或服务产生好感，从而诱发购买动机，促成交易的迅速达成。所以，一个具有语言魅力的人对于客户的吸引力简直是不能想象的。

每一句话都要仔细推敲

身为一个挨家挨户销售的销售员，平庸的销售员会这样说："我今天就是来卖这种产品的。"而优秀的销售员会把"卖"这个字改为"促销"这个词。

另外一个例子是"费用"这个词。平庸的销售员说："这个产品的费用是300元。"这样容易让顾客立刻联想到自己口袋里的百元大钞就要长着翅膀飞走了。而优秀的销售员则会把刚才那句话修正一下说："某某先生，这个产品只需要300元。"这两句话的意思是一样的，但优秀的销售员的表达更容易让人接受。

在实际销售中，很多平庸的销售员都是凭个人的直觉进行销售，对如何说话更能达到洽谈目的，更能说服顾客并不在意，也很少考虑。但恰恰语言上这些看似微不足道的细节却正是阻碍洽谈成功的重要因素。平庸的销售员在洽谈时经常出现错误的谈话方式。

平庸的销售员洽谈时常用以"我"为中心的词句，不利于与顾客发展正常关系，洽谈气氛冷淡，洽谈成功率低。像：

"我认为，您穿这件大衣很好看。"

"我的看法是你现在就该把它买下。"

"如果我是你的话……"

"依我看……"

"我要对你说的是……"

"我的意见是……"

“考虑一下我所说的话……”

……

这些谈话方式都是不可取的，正确的讲话是将上述每一句话中的“你”字都改为“您”字。

有些词句既不能表达具体内容，又不能发挥任何作用，像：

“我还想说……”

“正像我早些时候说到的……”

“我想顺便指出……”

“事实上……”

“是真的吗？”

“无论如何……”

“你不同意吗？”

“你可以相信它……”

……

这些语言等于废话。

像“您还想买些什么？”这样的问话是毫无意义的。顾客听了就会不假思索地回答说：“什么也不买了。”

也不要说些夸大其词的空话，销售洽谈不是唱赞美诗，不能肆意夸张谈话内容。使用如“极好的”“最好的是……”“无可比拟的”“一流的”“超级的”“独一无二的”等词语不仅毫无意义，也令人难以置信，往往会使销售员处于进退维谷的境地。

在向顾客介绍产品时，说话要具体明了，如“这种电扇经久耐用”给顾客的印象是模糊的，就不如“这种电扇能用二十年”更具体明了。

还有一条就是不要说“行话”，各行业和各公司都有自己一套特殊语言，称为“行话”。顾客对这些“行话”只会感到陌生，不能对其理解和接受。

总之，销售员应该仔细推敲自己的遣词造句，做到对自己的说话方式和技巧有独到的把握，这是成为优秀销售员的必备条件之一。

不说顾客反感的话

“祸从口出”，在推销过程中经常遇到这种情况：无意之中的一句话往往会毁了一笔业务。因此，推销员在与客户交谈中应注意避免一些不该说的话。

如推销员不应向客户问：“我能帮你的忙吗？”因为这给客户提供了一个说“不”的机会。

推销员不能说出让客户产生逆反心理的话。如：“这款型号的抽油烟机已经够您用了？”“您不必如此挑剔，挑来挑去挑花眼，我们这儿的产品都是名牌。”这些话都很容易使客户产生反感。

有人曾将推销员不该说的话做了个具体分类，大体如下。

1. 批评性的话语

许多推销员，尤其是业务新人，讲话不经过大脑，脱口而出伤了别人，自己还不觉得。常见的例子，推销员见了客户第一句话便说，“你这张名片真老土！”“真累啊，活着不如死了值钱！”虽然无心去批评、指责，只是想有一个开场白，而在客户听起来，感觉就不太舒服了。

人们常说，“好话一句，做牛做马都愿意”，也就是说，人人都希望得到对方的肯定，人人都喜欢听好话。推销人员从事推销，每天都是与人打交道，应多说赞美性话语，但也要注意适量，否则，让人有种虚伪造作、缺乏真诚之感。

2. 主观性的议题

在商言商，与推销没有什么关系的话题，最好不要去议论，比如政治、宗教等涉及主观意识的内容，无论你说的是对是错，对于推销都没有什么实质意义。

有一些新人，涉足推销行业时间不长，经验不足，在与客户的交往过程中，无法主控客户的话题，往往是跟随客户一起去议论一些主观性的议题，最后双方难免产生意见分歧。有经验的老推销员，在处理这类主观性的议题时，起先会随着客户的观点，一起展开一些议论，但争论中他们会适时地将话题引向推销的产品上来。

3. 专业性术语

比如有个保险行业的新人，一上阵就一股脑儿地向客户炫耀自己是保险业的专家，电话中向客户讲了一大堆专业术语，客户听了感到压力很大。当与客户见面后，他又接二连三地大力发挥自己的专业，让客户如坠五里雾中，反感心理油然而生，从而误了促成销售的商机。我们仔细分析一下就会发觉，只有把这些术语用简单的话语来进行转换，让人听后明明白白，才能达到有效沟通的目的，产品销售才会没有阻碍。因此，应尽量避免专业性术语的出现，即使不可避免，也要向客户解释明白。

4. 夸大不实之词

不要夸大产品的功能！客户在日后使用产品时，终究会清楚你所说的话是真是假。不能因为要达到一时的推销业绩，你就夸大产品的功能和价值，这势必会埋下一颗“定时炸弹”，一旦纠纷产生，后果将不堪设想。

任何一个产品，都有好的一面和不足的一面。作为推销员，理应站在客观的角度，清晰地与客户分析产品的优与劣，帮助客户“货比三家”，唯有知己知彼、熟知市场状况，才能让客户心服口服地接受你的产品。提醒推销人员，任何的欺骗和夸大其词的谎言都是推销的天敌，它会使你的事业无法长久。

5. 贬低对手的语言

我们经常可以看到这样的场面：同业的推销人员用带有攻击性色彩的话语，攻击竞争对手，甚至有的人把对方说得一钱不值，致使整个行业的形象在人心目中一落千丈。

多数推销员在说出这些攻击性话语时，缺乏理性思考，殊不知这些攻击性词句会造成准客户的反感，因为不见得每一个人都与你站在同一个角度，你表现得太过于主观，反而会适得其反。随着时代的发展，这种不讲商业道德的行为将越来越没有生存空间。

6. 隐私问题

与客户打交道，主要是要把握对方的需求，而不是一张口就大谈特谈隐私问题，这也是推销员常犯的一个错误。试问你推心置腹地把你的婚姻、财务等情况和盘托出，就能使你的推销产生实质性的进展吗？

7. 质疑性的语气

在推销过程中，你很担心准客户听不懂你所说的一切，而不断地质问："你懂吗？""你知道吗？""你明白我的意思吗？"……从销售心理学来讲，一直质疑客户的理解力，客户会产生不满感，这种方式往往让客户感觉得不到起码的尊重，逆反心理也会随之产生，所以说这是推销中的一个大忌。

如果你实在担心准客户在你很详细的讲解中还不太明白，你可以用试探的口吻了解对方，"有没有需要我再详细说明的地方？"也许这样会容易让人接受。在此，给推销员一个忠告：客户往往比我们聪明，不要用我们的盲点去随意取代他们的优点。

8. 枯燥的话题

在销售中有些枯燥性的话题，但你又不得不讲解给客户听，因此就要讲得简单一些，这样，客户听了才不会产生倦意，你才能达到推销目的。如果有些相当重要的话语，要跟客户讲清楚，不要拼命去硬塞给他们。在讲解的过程中，不如换一种角度，找一些他们爱听的小故事、小笑话来刺激一下，然后再回到正题上来，也许这样的效果会更佳。

9. 注意避讳

每个人都希望与有涵养、有层次的人在一起。同样，在推销过程中，不雅之言必将给推销活动带来负面影响。诸如，推销寿险时，你最好回避“死亡”“没命了”“完蛋了”诸如此类的辞藻。有经验的推销员，在处理这些不雅之言时，往往都会委婉地说“丧失生命”“出门不再回来”等。只有你注意到了这些细节，才会成功在望！

一定要说好的四种话

对于销售人员来说，语言的作用是不言而喻的，销售员每天做的都是如何“说服”客户购买，语言几乎是销售员的唯一手段。

很多销售经验证明，一个销售人员在其推销过程中所使用的语言无外乎这四种话，即赞美话、客套话、专业话和巧妙话。一个有经验的销售人员能在推销过程中，灵活运用这四种话术，往往能起到“无往不利”的效果。

下面让我们通过两个日常消费的场景，来看看一个有经验的销售人员是如何运用这四种销售话术的魔力的。

在时装店，顾客没挑选到满意的衣服时：

是吗？先坐下来歇歇吧！（客套话）

身材这么好，穿什么都好看！怎么可能挑不到呢？（赞美话）

没有关系，我帮你挑几套，你试穿看看。我们卖了那么多衣服，知道哪些衣服比较适合你。（在这时告诉顾客他的优点及缺点，穿什么样的衣服可以修饰）（专业话）

这套衣服好像替你定做的一样，你看，真合身！待会我们再帮你搭配，一定很漂亮的。（专业话）

我的眼光不会错的，您身材这么好，穿上这套衣服出门，一定会让好多人羡慕的。（是不是有人羡慕，谁也不知道）（巧妙话）

一位顾客来到房屋装修装饰公司，业务员向顾客推销：

您是设计师吧，我看您的设计水平真棒！（赞美话）

坐下喝杯茶吧，先生您不是北京人吧？听口音像是南方人。真巧，我也是南方人。（客套话）

每个人的个性与感觉不同，看到的东西一定有所差别，您可以说出您的喜好，我们会根据您的房间，挑选专业的设计师为您量身定做。（看图纸后让设计师与客户进行沟通）（专业话）

先生您真豪爽，有大将之才，一定是做大事的人！（巧妙话）

巧妙的语言能够吸引顾客，招揽生意。“货卖一张嘴”，说的就是这个道理。

赞美是一种最有效的销售方法，能有效缩短人与人之间的心理距离。在销售人员话术中，赞美的作用举足轻重，在与顾客进行面对面的交流当中，一句小小的赞美往往会带来意想不到的效果。为了使得人们的交往变得和谐而温馨，也为了给你的成功销售创造条件，对于他人的成绩与进步，一定要给予肯定、赞扬和鼓励。当别人有值得褒奖之处，你应毫不犹豫地给予诚挚的赞许。

客套话是与人沟通的润滑剂。在正式的销售开始之前，几句客套话能拉近你与客户之间的距离。客套话本身并不正面表达特定的意义，但它在销售中是必不可少的。因为客套话能使不相识的人相互认识，使不熟悉的人相互熟悉，使沉闷的气氛变得活跃。尤其是初次见面，几句得体的寒暄会使气氛变得融洽，有利于顺利成交。

专业话能够凸显你是一位商品的行家。对于销售人员来说，仅仅博得客户的好感是不够的，更重要的是要赢得客户的信任，使其最终购买我们的商品。首先要明确一点，那就是来购买商品的顾客不都是行家。真正的行家来购买你的商品，可能根本不需要你的介绍，而那些需要你介绍的顾客大部分都是门外汉。这时，你能否用专业的语言向顾客表达清楚是取得顾客信任的一个关键因素。因此，对于有关商品的专业知识也是销售人员必须掌握的，一定的专业知识应该是销售人员掌握的“硬件”。

巧妙话是含有一定技巧性的语言表达形式，同时，辅以情感、神态、动作、语调等的帮助，不包含虚伪、不脱离道德规范，包含着真诚动机的一种商品销售形式。巧妙话表达得越明晰、越确切、越执着、越有诱惑力，对方的感知与理解力就越强，从而满足顾客的某种心理需要。

引导对方说“是”

世界著名推销员原一平在推销寿险时，总爱向客户问一些主观答“是”的问题。他发现这种方法很管用，当他问过五六个问题，并且客户都答了“是”，再继续问保险上的知识，客户仍然会点头，这个惯性一直保持到投保。

原一平起初搞不清里面的原因，当他读过心理学上的“惯性”后，终于明白了，原来是惯性化的心理使然。他急忙请了一个内行的心理学专家为自己设计了一连串的问题，而且每一个问题都让自己的准客户答“是”。利用这种方法，原一平缔结了很多大额保单。这种方法后来被称为“6+1缔结法则”。

“6+1缔结法则”源于推销过程中一个常见的现象：假设在你推销产品前，先问客户6个问题，而得到6个肯定的答案，那么接下来，你的整个销售过程都会变得比较顺畅。当你和客户谈产品时，客户不断且连续地点头或说“是”的时候，你的成交机遇就来了，此时客户已形成一种惯性。每当我们提一个问题而客户回答“是”的时候，就增强了客户的认可度，而每当我们得到一个“不是”或者任何否定答案时，也就降低了客户对我们的认可度。

这就如同你面前的客户是一团熊熊烈火，千万不要让他熄灭，你只要不停地加上一些汽油，使得这团火更加旺盛，一直保持到成交的那一刻。那么，你肯定能说服他购买产品。

在推销中，平庸的推销员经常被一些突如其来的问题弄得目瞪口呆，败下阵来。其实，只要你牢记你的目的，预先堵住可能造成麻烦的漏洞，创造一种安全的推销气氛，主导整个沟通过程，大部分问题是完全可以消弭于无形之中的。

让我们来看看推销员最怕、最头疼的三句话。

辛辛苦苦地谈完了，好不容易说服了对方，冷不丁听到对方说一句：“不错不错，我要跟××商量商量。”

不断地转换角度促成，对方仍淡淡地说：“我还要考虑考虑！”

历尽艰辛成交了，墨迹还没有干，客户突然说：“我不要了，给我退货吧？我要解约！”

优秀的推销员却可以让这些话通通消失，秘诀就是尽量避免谈论让对方说“不”的问题。而在谈话之初，就要让他说出“是”。销售时，刚开始的那几句话是很重要的，例如，“有人在家吗？……我是汽车公司派来的。是为了轿车的事情前来拜访的……”“轿车？对不起，现在手头紧得很，还不到买的时候。”

很显然，对方的答复是“不”。而一旦客户说出“不”后，要使他改为“是”就很困难了。因此，在拜访客户之前，首先就要准备好让对方说出“是”的话题。

例如，对方一出现在门口，你就递上名片，表明自己的身份，同时说：“在拜访你之前，我已看过你的车库了，这间车库好像刚建没多久……”只要你说的是事实，对方必然不会否认，而只要对方不否认，自然也就会说“是”了。

就这样，你已顺利得到了对方的第一句“是”。虽然这句话本身不具有太大意义，但却是整个销售过程的关键。

“那你一定知道，有车库比较容易保养车子啊？”除非对方存心和你过意不去。否则，他必然会同意你的看法。这么一来，你不就得到第二句“是”了吗？

如果对方真的要拒绝，那不仅仅是口头上的一声“不”，同时，他所有的生理机能，分泌腺、肌肉等也都会进入拒绝的状态。然而，一句“是”却会使整个情况为之改观。所以，优秀的推销员明白，比“如何使对方的拒绝变为接受”更为重要的，是如何不使对方拒绝。

优秀的推销员一开始同客户会面，就留意向客户做些对商品的肯定暗示。

“夫人，你的家里如装饰上本公司的产品，那肯定会成为邻里当中最漂亮的房子！”

“本公司的储蓄型保险是你最好的投资机会，五年后开始返还，你获得的红利正好可以支付你儿子的大学费用！”做出诸如此类的暗示后，要给客户一些充分的时间，以便使这些暗示逐渐渗透到客户的思想，进入客户的潜意识里。

当他认为已经到了探询客户购买意愿的最好时机，就这样说：

“夫人，你刚搬入新建成的高档住宅区，难道不想买些本公司的商品，为你的新居增添几分现代情趣吗？”

“为人父母，都要尽可能地让儿女受到最良好的教育，怎么样，你考虑过筹集费用的问题吗？我劝你向本公司投保。”

“你有权花钱买到最佳商品，你可别错过这个机会，买我们的商品吧！”

优秀的推销员在交易一开始时，利用这个方法给客户一些暗示，客户的态度就会变得积极起来。等到进入交易过程中，客户虽对优秀的推销员的暗示仍有印象，但已不认真留意了。当优秀的推销员稍后再试探客户的购买意愿时，他可能会再度想起那个暗示，而且还会认为这是自己思考得来的呢！

客户经过商谈过程中长时间的讨价还价，办理成交又要经过一些琐碎的手续，所有这些都会使得客户在不知不觉中将优秀的推销员预留给他的暗示，当作自己所独创的想法，而忽略了它是来自他人的巧妙暗示。因此，客户的情绪受到鼓励，定会更热情地进行商谈，直到与推销员成交。

“我还要考虑考虑”这个借口也是可以避免的。一开始商谈，就立即提醒对方应当机立断就行了。具体方法很多，在这里，请看几则循序渐进的例子。

“您有目前的成就，我想也是经历过不少大风大浪吧？要是在某一个关头稍微一疏忽，就可能没有今天的您了，是不是？”不论是谁，只要他或她有一丁点儿成绩，都不会否定上面的话。等对方同意甚至大发感慨后，优秀的推销员就接着说：

“我听很多成功人士说，有时候，事态逼得你根本没有时间仔细推敲，只能凭经验、直觉而一锤定音。当然，一开始也会犯些错误，慢慢地，判断的时间越来越短，决策也越来越准确，这就显示出深厚的功力了。犹豫不决是最要不得的，很可能坏大事呢。是吧？”

即使对方并不是一个果断的人，他或她也会希望自己是那样的人，所以对上述说法点头者多，摇头者少。有些直率的人还会举一些犹犹豫豫、优柔寡断坏了大事的例子。因此下面的话，就顺理成章了：

“好，我也最痛恨那种优柔寡断，成不了大器的人。能够和您这样有决断力的人谈，真是一件愉快的事情。”这样，你怎么还会听到“我还要考虑考虑”之类的话呢？

任何一种借口、理由，都有办法事先堵住，只要你好好动脑筋，勇敢地说出来。也许一开始，你运用得不纯熟，会碰上一些小小的挫折。不过不要紧，总结经验教训后，完全可以充满信心地事先消除种种借口，直奔成交，并巩固签约成果。

借助“第三者”帮自己说话

销售工作只靠一味地说服是不能赢得客户依赖的，客户需要的不仅是产品的使用价值，还包括产品的声誉、保障。

先不论销售人员所推销的商品质量是否有问题，如果在顾客有“是否有人用过产品”“效果怎样”等疑问时，销售人员并没有做出足够的保证，也不能提供可靠的证据证明该产品货真价实，就必定无法赢得顾客的信赖，从而导致交易失败。

尤其是新品牌、新上市的产品，由于是第一次在顾客面前亮相，所以赢得信赖感是销售人员首先要考虑的。一般来说，客户购买产品前，往往喜欢打听其他人是否用过、用后效果如何等，基于这种心理，销售人员应多联系一些对自己产品口碑好的客户，让他们和自己的立场保持一致，共同说服客户。为了刺激客户采取购买行动，有时候你说一百句也顶不上你引用一次“第三者”对你商品的评价。

巧妙地引用他人的话，特别是买你商品的“第三者”的话，向你的客户说出他人对你的商品评价，这时通常会收到意想不到的效果。

一般的客户对于推销员的印象总是不那么好，对于推销这种售卖方式也持怀疑的态度。但是如果你非常成功地引用了第三者的评价来游说客户，那么客户一定会有一种安全感，他本人也会消除对你的戒心，相信你给他做的商品介绍，因此他便认为购买你的商品要放心得多了。

经验不丰富的销售人员只是就产品论产品，面对客户也只是干巴巴地劝说，即使如此，客户还是不能信服你，甚至觉得你只会油嘴滑舌，不会提供证据证明。

利用“第三者”说话，是销售人员的一种话术技巧。聪明的销售人员都会引用一些他人之言为自己“助威”。这种方法并非是对自己和产品缺乏信心的表现，也并不是借助外力对产品进行夸大宣传，而是通过多渠道加大产品的知名度，让顾客更加信赖、更加认可产品。

现代销售过程中，有很多商家都是运用这一手段来进行推销的，下面是常用的利用“第三者”说话的方法。

1. 借典型客户之口推销

小李给某老总打电话说可以帮其公司推广，老总说他们已经在一些大型门户上做了推广，暂不需要。可是小李在网上根据其提供的关键词怎么也找不到相关推广信息，后来经过一番搜索，小李发现这位老总的一个同行却在几大门户网站上面全做了推广。于是，当小李再次给这位老总打电话的时候，没有跟他提推广的事，而是问："××公司是你们同行吧？他们……"一番说明顿时引起这位老总的注意："哦，是吗？他们做了呀？那像他们那样做一下要多少钱？"小李还没说，对方就主动问起价钱了。然后，小李就根据他们的情况做了个推广推荐，一个单子就这样签下来了。

这位销售人员为了让自己的产品更有说服力，没有直接对客户进行产品的介绍和夸赞，而是提及了客户的同行，借用同行之口来加大客户对产品信任度的筹码，从而顺利成交。

说知名的典型客户，可以壮自己的声势，如果你举的例子，正好是客户所景仰或性质相同的企业，效果就会更显著。这样的业务介绍无疑是非常具有说服力的。假设没有特别知名的企业，则可以采用数字化或者类比的方法来达成同样的效果。

例如："我们公司曾经为杉杉集团、罗蒙集团、金利来等数十家服装企业提供过零售管理培训，使他们大大提升了业绩。"

"李厂长，××公司的张总采纳了我们的建议后，公司的营业状况大有起色。"

你要出卖一块土地，你可以对你的客户说："前不久一个客户也来此地看过，他觉得非常满意，想在此地盖栋别墅，可惜后来他因资金周转不灵而无法购买，我也为他感到遗憾。"

2. 借助媒体的力量推销

假如你为一家公司推销一种新式化妆品，而这家公司已经在电视上做过广告，那么你的推销一定应从广告（电视台也是一种第三者）开始。当你敲开一家客户的大门，你应该对出来开门的女主人说："这就是电视里天天出现的那种最新样式的化妆品，您一看就会认出来的。"然后你立刻将样品递过去，她便不会怀疑你了。

如果你认为她并不是一个喜欢标新立异的人，你就可以接着告诉她："我刚才已经推销了几十瓶，大家都是看了电视里的广告介绍才购买的，而且它也的确不错。"这样，她购买的可能性就更大了，因为你一直都在"请"电视和其他的购买者来为你说话，她"自然"不会产生什么怀疑，相反会感到安全而乐于购买你的商品。

3. 借助名人之口推销

如果你知道某个"大人物"曾盛赞或使用了你正在推销的商品，那么你的推销会变得比原先容易得多，因为电影明星、体育明星等"大人物"一定会比你更容易得到信赖，说服力当然也比你强得多。

4. 借助客户的"亲信"推销

你如果能打听到你的客户的周围有一个值得信赖的人，曾经说过你的商品的好话，你就应该不失时机地加以利用。甚至你可以先向他推销你的商品，无论成与不成，你都能从他的口中获得对你的商品的赞美之词，这会成为你在他的影响力所及的范围内进行推销的通行证。

5. 借助自己的熟人推销

如果你去推销圆珠笔，你可以对客户说："我的一个朋友每半年总要买上七八支圆珠笔，在他经常工作的地方，每处放上一两支，他说这样很方便，因为那样就不会出现急需要用时还得到处去找的情况了。随手拿来就用当然再方便不过，而且使用七八支笔，半年都不用换新的，所以比一次买一支要划算得多。"你的客户听了这段话一定会觉得很有道理，他便很可能从此改变了他的购买方式，一下子从你这里买去许多支圆珠笔，从而使你的推销额成倍地增加。

当然，还有的客户不是不相信别人所言，而是对产品本身怀有疑虑。如某些人对新产品特别有兴趣，一待新产品问世，会赶快抢先买来，显示给朋友或家人看，一副得意的样子。而有些人正好相反，对于新产品都不大欣赏。客户若说："新产品不知道怎么样？"就表示他有意思买下，可是又担心新产品的性能、质量、故障、流行性……总之，想得很多。如果对方是代表公司来购货，说："我曾经吃过苦头，不敢领教。"一定是从前曾因采购新产品而犯了错误，受到教训。此时你应该听听他的原委，知悉其来龙去脉后，进一步商讨改进的方法，让他先服下定心丸。

另外，还可连同"第三者"的评论，保证商品的服务，以此来击溃对方的反对意见。比如，"经理先生，请您看看这里，这一部分使用的材料是具有特高硬度的合金，所能承担的压力相当于旧产品采用金属的三倍。这儿还有一份超硬合金的分析表（资料法）。前三天某一家精密仪器公司，也买入了同样的产品，他们反映说性能特佳、生产力极高，大家都很高兴。这里还有一份《工业周刊》的记载，请您参考一下。在市面上大家都说是划时代的产品（市场评价）。某工业公司的洪博士很称赞这种新式机器（权威专家的赞誉）。"如此，顾客一定会对你的商品兴趣大增。

利用"第三者"说话增强自己的说服力，这种方法效果非常好。但是有一点需要注意，如果你是说谎又被识破的话，那可是非常难堪的。所以运用此话术，应建立在事实的基础上，不要凭空捏造。

依靠情感力量打动客户

为什么有些销售员很能说服客户，而有些销售员就是说服不了客户呢？其实，能够说服客户的销售员就是一些善于使用说话技巧的人，他们会在与客户交流后，让其心甘情愿、心悦诚服地签下订单。

真正的销售高手都是一些极能说服客户的人，原一平、乔·吉拉德……每一个人都在嘴皮子上很有功夫，因此他们都获得了成功。

他们的成功不是偶然，怎样开场白、怎样结尾、怎样电话联系……这些说话技巧都是他们千锤百炼，在无数次销售实战中揣摩出来的，这使他们在不同语境，与不同的客户交流中可以自由变换不同的说话方式。

除了运用好说话技巧以外，柴田和子能够成为“东方销售女神”还依靠一个更为有力的武器，那就是情感的力量。

例如，在向客户介绍产品的时候，用一些寓意深刻的小故事，更容易打动客户的心。所以，柴田和子就通过讲感人至深的故事抓住客户的心，进而使签单成功。

柴田和子在给一对已经为人父母的客户推销保险的时候，给他们讲了一个感人的故事。

有一天，一对中年夫妇带着17岁和11岁的儿子，一家四口到郊区游玩。途中经过一处风景优美的地方，他们停下来准备拍照留念。家人都是从左手边的门下车的，只有开车的爸爸因为坐在驾驶座上，所以，打开右边的车门准备下车。正要下车的一刹那，后面一辆高速驾驶的摩托车把他撞倒了，腿部受了重伤，导致大量出血，伤者马上被送往医院急救。

本来一家人其乐融融地去游玩，结果竟然发生了这样的意外，真是让全家人感到悲伤。

被送往医院急救的爸爸需要马上输血，但符合血型的只有11岁的小儿子次郎。

医生问：“为了救你的父亲，可以抽取你的血吗？”

次郎思索了一下，点了点头，说：“可以。”

爸爸的生命已经没有危险了，旁人听到这件事情都非常感动，对他说：“次郎，你真了不起。你想要点什么作为奖励？”刚献完血的次郎一脸苍白，静静地坐在房间的角落里。

“我什么都不要。”

“为什么呢？次郎，你救了爸爸，这是一件多么了不起的事情啊，不管你提出什么要求，我们都会满足你的。”

次郎想了想，说：“我真高兴自己能救爸爸，但我还有几分钟会死呢？”

原来这个小男孩误会了，他以为自己输了血救爸爸，就会牺牲掉自己的小生命。在这种情形下，他依然选择献血。

当故事讲到这里，关键的转折出现了。这个时候，柴田和子转过来问客户：“但是为人父母的你们，能为孩子做些什么呢？钱是买不到爱的，但你们可以在金钱里融入你们的爱，这就是保险。”短短的几句话，这个故事的精髓与力量淋漓尽致地展现了出来。

与之相似的，柴田和子还有一套“爱的表达”。柴田和子经常说，保险是爱和责任，是人类创造出来的“有效减轻人生悲剧”的工具。所以她经常用这种“爱的表达”去打动自己的客户，而每次都能取得不错的结果。

一次，柴田和子去拜访一位中年客户，当她告知客户自己的来意后，被客户当场拒绝了。

客户说：“我很健康，我不需要买什么保险。”

柴田和子："现在的您是很健康，但是30年后的您是否还健康呢？或者万一您在未来的某天出了什么不可预测的事情，您的妻子和儿子又去依靠谁呢？您应该这样想，您现在为自己买保险，就是在为您妻子和孩子的将来买保险，您万一出了什么事，还有保险啊，您的妻子和小孩还能凭借这种保险金生活得很好。要是您不买保险的话，一旦您出了什么事情，那么，您的妻子和小孩就从此失去了依靠，他们的生活将会陷入困境。这样说来，您买保险也就是对您妻子和小孩的爱。

"其实，人的一生中，每个人都在为两个'我'工作，'健康'的我为'有病'的我工作，'年轻'的我为'年老'的我工作，'得意'的我为'失意'的我工作。而我们每个人都生活在变化中，我们的生活随时可能会发生变化，比如年老、疾病、意外、残疾。一旦发生了变故，我们就需要一笔急用的钱。所以，再有钱的人也不会花光自己所有的钱，再穷的人也会想方设法给自己留下一笔钱。您不管买不买保险，您都应该拥有'保险'。"在柴田和子这种满含关爱的语言进攻下，客户感觉到了自己的责任重大，于是，他决定购买保险。

这两种方法都是依靠情感力量打动对方，让对方意识到自己的责任与爱。购买产品就是一种美好的爱的表达，而如果客户不购买产品，客户心中就会产生一种愧疚心理。一种对亲人爱的力量不断催促他去购买产品，去表达自己的爱。而这样推销员也就把产品顺利地卖出去了。

我们推销员不妨在日常工作中多积累一些能够感动自己的小故事，以便自己能够针对不同的人，用爱的力量打动对方。

当然，我们不仅要讲故事，还要用"爱的表达"对客户展开攻势，晓之以理，动之以情，让对方心甘情愿地购买产品。

把耳朵而不是嘴巴借给客户

倾听属于有效沟通的必要部分，以求思想达成一致和感情的通畅。倾听能够使来访者更加放开自己的内心，更加坦率地表达真实的想法；倾听还能够向客户反馈推销员对客户的尊重与关注，让客户感到自己的谈话在推销员心里很重要；倾听为推销员以后影响客户建立了互相信任的基础，在客户心中树立了威信……可见，“上帝给了我们两只耳朵、一张嘴，目的就是让我们少说多听”这句话还是很有道理的，倾听有时候比说话更重要。

但是，很多推销员在客户面前滔滔不绝说个没完，却忽略了倾听，为什么会有这么多的人忘记倾听的重要性呢？有一次在推销员训练班上他问了大家这个问题，听到如下这些不同的答案：

——我急于做成生意；

——我不知道什么时候停止说话更好；

——如果停止说话，我担心客户会转移注意力；

——不知道倾听的作用。

……

应当承认，如果他们都是经常参加培训的推销员，培训讲师要为这种现象负一部分责任，因为这是最基本的推销常识，也许他只强调推销员什么该说、什么不该说，却忽略了倾听客户谈话的重要性。

刚开始做推销的人大都会心中胆怯，常因不知道在客户面前说什么而冷场，继而出现尴尬的沉默。有些推销员为了避免出现失误，会在客户面前不断地说话，结果把自己所有的无知都暴露在了客户面前。客户知道你刚进入销售行业，对什么都不熟悉，怎么可能有信心购买你的产品呢？结果推销员越想推销产品，越是推销不出去。

销售大师布莱恩·崔西曾做成一桩让他自我感觉很好的生意。

在1959年7月的一天，他没有用什么特别的技巧，甚至没有说几句话，就说服了一位女士为她的11个儿子买了11项储蓄保险。

他是怎么做到的呢?

原来，这位女士的丈夫刚发生车祸去世，在这位女士详细地描述车祸和她家庭情况的时候，布莱恩·崔西只是很有耐心地听她说话，并在中间适时地安慰她一两句，在耐心倾听完这位女士的话后，布莱恩·崔西建议她购买这些保险，因为即便这位女士在将来没有固定的收入，购买保险后，孩子的教育和未来也不至于无以为继。

最后，这位女士很快就帮孩子们购买了保险，而那次布莱恩·崔西也获得了比他当工程师时三个月薪水还高的佣金。

他很疑惑自己怎么会这样轻而易举地就获得了一笔不小的订单，后来他的经理点醒了他，原来，很大原因是他当时的默默倾听促成了这笔订单。

要想成为最优秀的推销员，学会倾听是当务之急，以下是布莱恩·崔西归纳出来的一些倾听技巧：

（1）要真诚地聆听客户的谈话，不要假装感兴趣。你对客户的真诚，会通过你的表情呈现出来，如果客户从你的言谈举止中感受不到真诚，就会对你失去兴趣，如此你的推销自然会失败。

（2）当客户说话时，不要表现出排斥的心理。当你觉得眼前的人说话“很没水平”或者“言语失当”的时候，即便你面带微笑，客户依然能感觉到你对他的排斥。

（3）不要随便打断客户谈话，不要试着加入话题或纠正他。

（4）不要在客户说话的时候写东西。

总之，每个人都想倾诉，有个人能耐心且认真倾听自己说话是非常愉快的。所以，倾听能够让彼此更加亲密。

第四章

90% 销售员都不知道的 10 个成交细节

没有成交，谈何销售？抓住机会，促成交易，是营销的终极目的。在销售活动中，永远都只有两个硬道理：一是卖出去，二是卖上价。这就要求销售员主动出击，捕捉成交信号，有针对性地说服客户，促成交易。把握成交时机，犹如钓鱼，浮标开始动时，虽然你知道鱼儿已经上钩，但你却不能立即把钓竿提上来。不能太早，也不能迟，否则鱼就跑掉了。本章帮助销售人员切实练好基本功，拒绝失败的借口，真正做到用业绩说话。

攻势迅猛只会适得其反

说服的过程如同攻陷一座城堡，而攻城的最佳策略，就是攻心。所谓“上兵伐谋”“攻心为上”就是这个道理。而说服中的“攻心”，就是用真诚去打动客户；反之，如果一味“强攻”“猛攻”，顾客这座“城堡”只会把你拒之门外。

这天，一位顾客走进一家电器商店。他东看看，西瞧瞧，很快对一台音响发生了兴趣。此时，一位男售货员热情地迎上来，满脸微笑，主动介绍这种新产品。他的介绍很在行、很流畅，从性能优势到结构特点，从价格比到售后服务，一一道来，并进行了演示。

起初，顾客被他那热情而熟练的介绍所感动，对产品产生了几分好感，本想问点什么，可是他连珠炮似地讲着，对方总也插不上嘴。他不管你懂不懂，也不管你反应如何，喋喋不休地讲下去，似乎你不掏出钱包他就决不罢休。于是，顾客的心里有几分不悦了，特别是当他褒扬自己的品牌而贬低其他品牌时，顾客不免对他的动机产生了疑问：如此夸夸其谈，产品性能是否果真高超？顿时，这种疑虑把先前产生的好感一扫而光，只是出于礼貌不好意思走开。幸好这时又来了一位顾客，他乘机“逃”出了商店。不用说，那位售货员为他白费了口舌而有几分失望和怨愤。

我们不能不说这位推销员热情、熟练，但为什么他那滔滔不绝的介绍反而扑灭了顾客的购买欲望呢？这是因为，他根本不懂得说服的奥妙。这是很多刚入行的业务员的通病，急于出业绩，因此一见到潜在客户就滔滔不绝、直奔主题，还拿出一大堆印刷精美的资料给客户看，名片也是见人就发。但是遇到的情境往往是，客户一边点头，一边说“放这儿吧、不需要、以后再说吧”之类的话，而推销员要么黯然退出，要么依然不依不饶，可最后仍然是一无所获，只是浪费了不少的资料。

一味地向客户灌输产品信息，而忽视了客户的心理感受，这种只以自己为中心，把客户的感受放在次要地位的做法当然导致推销的失败。

迫切希望顾客对自己的产品感兴趣，千方百计想向顾客证明自己的实力与价值。销售人员有这样的心理是可以理解的，但站在客户的角度来说，这样的推销方式并不受欢迎。一般情况下，客户都不喜欢只凭一张嘴说话的销售人员，他们更希望销售人员以理服人、以情动人，买到真正满足自己需求和实用的产品才是客户的目的，而不是欣赏销售人员的口才辩术。

因此，销售人员在推销产品时，切忌不要直奔主题，不顾对方的心理感受，而应该让客户多说话。有的销售人员认为，销售全靠一张嘴，如果说的太少或不善于说话，就不是成功的销售人员。这种想法是对销售的误解。

有的销售人员并不善于言辞，但同样能获得很好的业绩，原因就在于其正确的沟通方法。这些销售人员在与客户沟通时，会倾听客户的心声，让客户表达他们的观点和意见，让客户多说话。

客户希望买到自己最喜欢、最需要的商品，这样的产品才能使其产生购买的欲望。你所提供的商品要围绕客户，要成为他们最想购买的，而不是你想卖给他们的。你在推销的时候，如果只是一味地介绍产品的质量有多么好，产品有多畅销，价格多么公道，却没有考虑到顾客的感觉，那么你的推销必然遭到客户的拒绝。

不要让订单左右你的情感

情绪过激或不能控制自己的情绪，是销售人员的大忌。

推销员：“您好，业务主任，我想承揽你们这里所有的清洁工作，包括各个房间地板的清扫，玻璃窗的清洁，公共设施、大厅、走廊、厕所等的清理工作。”

业务主任：“好的，看上去你是一个踏实勤奋的小伙子，来试试吧。”

推销员：“谢谢您给我这个机会，我会好好干的。”

推销员一时兴奋过度，出门时一不小心踢翻了水桶，水泼了一地。

业务主任：“像你这种年纪的人，还会做出这么不小心的事，将来实际担任本大厦清扫工作，还不知会做出什么样的事情来，我再考虑考虑吧。”

推销员：“……”

这位推销员生意一谈成就高兴得晕了头，做出把水桶踢翻之类的事，使得谈成的生意又变成了泡影，“煮熟的鸭子”给飞了，显然是情绪不稳惹的祸。

一些推销员常常会碰到这样的事情，推销工作进行得很顺利，眼看一份订单就要到手了，这时客户却突然反悔。订单平白无故地“飞”了，销售人员立刻情绪大变，在客户面前失态。

推销员大喜大怒的情绪表现会让客户感到他们只是为了佣金而工作。谈成生意签到订单，就欢呼雀跃；客户反悔，就沮丧翻脸，这是不成熟的表现。作为销售人员，如果让客户感到你一旦达到了自己的目的，就会得意忘形，那么他很可能会取消刚才的购买决定。

销售员不懂得掩饰自己的情绪，容易吃亏。如果客户表现出对自己的商品没有兴趣，他们的脸上就会浮现出失望或不耐烦的表情。这会让他们丧失很多潜在客户，也容易得罪人，结果自己也最易招人记恨，陷入孤立状态。

一个卖衣服的销售员就经常做这样的事。一次，一个身材比较矮小的顾客到店里来买衣服，他为顾客推荐了一款长裤，这位顾客试了一下觉得不太满意，而自己看中了一条七分裤，要求这位销售员拿下来让她试穿。这位销售员不耐烦地说："小姐，您的腿比较短，穿那条肯定会显得更矮。"这位顾客听着他的话很不舒服，放下衣服转头就离开了。

每个人都是有自尊心的，每个顾客都希望自己被当作上帝对待，他们喜欢享受买东西时所受到的友好和尊敬，自己花了钱，难道还买不到一份尊重吗？销售这个工作需要你时刻对顾客笑脸相迎。

强买强卖吓得顾客难再光临

销售人员在进行商品推销的过程中，过分强调产品的好处，以及如何适合消费者等，强烈要求客户购买，这样做往往令客户面子上很难过得去，最后违心购买。这种强卖产品的方式只能在短时间内增加部分收益，但是长久下去，绝对不是一个好的推销方法。

强卖产品给客户是完全理解错了推销的含义。推销不是硬性的，而是软性的。强卖产品给客户是一种凌弱行为，不仅不利于产品的销售，也不利于企业的发展。强卖产品给客户的迹象主要表现在：对没有成交的客户进行辱骂和威胁。销售人员进行推销的目的就是为了达成交易，这种交易的达成必须建立在双方自愿的基础上。如果客户不情愿达成交易，那么下一次的推销就很难了。另一种是因为销售人员过于执着，过分相信自己的实力，认定“不买就别想走”的原则，最后使客户无奈地服从，买下了自己并不想买的产品。虽然把产品强卖给了客户也算实现了交易，但这样的方法只能使自己销售过程越走越艰难，因为你的态度把客户们都吓跑了。

销售人员要使销售的道路更加顺畅，就要为客户着想，学会站在对方的立场来思考，发现对方的兴趣、要求，而后再进行引导，使对方与自己的想法同步，最后使之接受。

麦当劳公司是美国最大的经营汉堡包的跨国公司，其老板克洛克靠汉堡包发了大财，成为世界大富豪之一。克洛克的成功在于他推销有方：他让自己的销售人员掌握了一套诱导顾客购买的本领。

1985年圣诞节前夕，有一个幼儿园教师带着她的孩子上街，无意中走进麦当劳的西姆分店去观看，本来她并不打算买汉堡包，可当她走到一个柜台前时，一位非常和蔼可亲的女售货员来到跟前，礼貌地对女教师说：“您是给圣诞节小天使买礼物的吧，这儿有很多圣诞汉堡包是按动物和人形来设计的，一定适合做小天使的礼物。请您这边来看，您一定会满意的。”女售货员很快托来一个盘子，里面有羊头、牛头等各种形象的汉堡包，栩栩如生，非常讨人喜欢，而且香气诱人。这时，女教师的小孩说：“妈妈，买一个吧，买一个吧！”于是女教师不但给自己的孩子买了几个，还给她幼儿园的孩子们也订购了300份“小天使”礼物。

由此看来，真正的销售工作是引导客户购买，而不是把产品强塞给顾客，“逼”顾客掏腰包。强卖的做法，不仅难以赢得回头客，还会让顾客觉得销售人员“不道德，不文明”。另外，把产品强卖给顾客，容易让顾客产生怀疑，认为你的产品是“货底”要急于处理，或者在质量上存在什么问题，等等。总之，强迫顾客购买并不是明智之举，引导顾客购买，激发顾客的购买欲，才是销售人员应掌握的销售之道。

销售人员不能光站在自己的一边卖产品，更多的是应站在客户的角度推销。

为客户寻找理由是一种将心比心的做法，将心比心的推销能够赢得尊重和成功。

客户说“不”肯定有他的理由，如果销售人员无法让客户主动说出真实理由并解决它，最好的办法就是为客户寻找理由，让客户面子上过得去。

如果一名销售人员对客户施压，而且不断努力使客户购买其商品的话，你所能得到的就只有客户的拒绝。当一个客户说“不”时，肯定是觉得这个商品并不是物有所值。但这种想法肯定是不会表达出来，相反他会说自己没有带钱或者其他。此时的销售人员应该怎么办？是说和客户一起回家取钱呢，还是和客户友好地告别？很明显是应该和客户友好地告别。因为如果客户真的觉得该商品物超所值的话，不会不提出解决办法的。

客户永远是对的，为客户寻找理由能够最大限度地赢得客户的好感，而那种强卖态度只能让客户觉得愤懑，更别提购买。

推销有术，更要有度

太多的推销员都忙于夸夸其谈，企图压倒对方，却没有意识到说得过多反而会让你失去客户。不错，他们是在向客户做推销，可最后却一无所获！在这里，再次鼓励你做一名好听众——要学会正确判断什么时候该闭上自己的嘴！管不住自己的嘴正是缩短推销生涯的症结之一。

如果销售人员没有向客户做充分的介绍，客户没有清楚地了解你的产品，对你的产品没有产生兴趣，毫无疑问，客户是绝对不会购买的。相反，如果客户已经了解了你的产品，而你还在喋喋不休地做着介绍，最终的结果是什么呢？很有可能也是失败。

过度推销只会引起客户的反感，从而使销售失败。推销过度是那些有很大成交希望的买卖最终前功尽弃的主要原因之一。

一次，电脑推销员小张前去拜访一位省教育厅处长。小张觉得这是成交希望最大的客户，因此在出门前，小张做了充分的准备。在和教育厅处长寒暄后，小张拿出笔记本电脑样品，一边向处长详细地介绍产品，一边给处长展示笔记本电脑的功能。

“你能把笔记本电脑给我看看吗？”这时，处长打断了小张。于是，小张把电脑递给了处长。

处长接过笔记本电脑摆弄了一番后，对小张说：“很不错啊。”

“是的，这款是最新的产品，它体积小，功能强，具有……”小张接过了话茬，并大谈笔记本电脑的特点和性能。

“哦，我已经知道了。这样吧，我现在还有点儿事，不是很方便，改天我给你打电话吧。”处长一脸不耐烦的表情，对小张说。十分明显，处长是在委婉地拒绝小张。

“那我等您电话。”最后，小张不情愿地离开了处长的办公室。

后来，如意料之中，小张并没有等到教育厅处长的电话，最大的希望变成了最后的失望。

为什么会这样呢？小张的推销过头了。当处长表示对产品很感兴趣时，小张还在一味地介绍产品的特点和性能，而没有将推销推向新的阶段——成交。如果小张在处长说“很不错”的时候，直接提出“这么好的产品，您为什么不买呢？”那么成交的希望就很有可能变成现实。

很多推销员担心说服不了客户，商品优点如数家珍，非要将商品的特性及优点彻底讲清楚、讲明白，好让客户动心，就像霰弹打鸟一样，连发数十枪，总以为客户会屈服于商品的无数好处。没想到你讲话的速度最快也不过每分钟200字，而客户脑中思考的速度却是每分钟450字，客户在你滔滔不绝的时候，早已想好拒绝你的借口了。销售健康食品的施素珍，开始推销以来，曾经花了两三年的时间，每天讲得口干舌燥，却换来客户一声冷冷的响应：“好吧！让我想一想你讲的好处后，再打电话给你！”结果没有一个打电话来说要订购。

多谈价值，少谈价格

不论产品的价格多么公平合理，只要客户购买这种产品，他就要付出一定的经济代价。正是由于这种原因，推销员起码应等客户对产品的价值有所认识后，才能与他讨论价格问题。如果在此之前就与客户讨论价格，那就有可能打消他的购买欲望。所以，销售员在商谈中要尽量做到先谈产品价值，后谈价格，并多谈价值，少谈价格。

顾客在看好一件商品后，谈价格就成为了与销售人员之间的语言交锋。价钱谈不妥，那么销售人员此前所有的准备都白费，顾客也落得个失望而归。而价钱合理、物有所值，或物美价廉，那么双方就会轻松成交，顾客也会满意地掏腰包。可见，价钱问题是销售人员在销售过程中值得重视的。

有时，客户的某种需要远不止追求价格低方面，只凭价格，无法吸引客户的目光。有的销售人员在遇到顾客询问价钱问题时，只管报价，而不顾顾客的心理因素。顾客嫌贵，就冷冰冰地把顾客推到打折或特价区，或者指责顾客“不识货”。顾客嫌太便宜，担心产品质量，则更容易遭到销售人员的白眼。这样的销售人员业绩肯定不会太好。

陈先生为了参加一个婚礼，先去一家店购一套礼服，这家店里有许多这样的礼服，并且标价比较低，他一向很少单独出来购物，心里没什么把握。销售人员站在旁边，告诉他这是本市价格最低的，但是陈先生看来看去，还是无法决定是否购买。

商品已是“本市价格最低的”，为什么顾客还是没有选择购买呢？因为顾客看中的并不是“价格最低”这一个要素，而是考虑到很多方面，比如商品的用途、使用场合等。这些因素要远比价格重要得多。销售人员要与顾客达成交易，应先避谈价格，而是耐心询问对方买衣服的缘由，他喜欢的花边和样式，以及他是否经常穿这套衣服，等等。这样迎合了顾客的特殊需要，顾客自然就会选购他要的东西，并且感激销售人员提供的帮助。

一般情况下，客户在做出购买决定之前，都会详细比较商品的性能、功效、款式，并向销售员提出价格异议。在处理价格问题时，销售人员应多向对方介绍商品的优点、功能和效用等。在此时必须强调“一分钱，一分货”，通过对商品的详细分析，使客户认识到花这么多钱是值得的。

比如，一位女士想购买××牌美容霜，但又觉得太贵（180元钱一瓶），有点舍不得，便产生了顾虑。看到客户犹豫不决，销售员说道：“小姐，您不知道，这种××牌美容霜含有从灵芝、银耳、鹿茸中提取的特殊生物素，具有调节和改善皮肤组织细胞代谢作用的特殊功效。它可以消除皱纹，使粗糙的皮肤变得细腻，并能保持皮肤的洁白、柔嫩、弹性与光泽，从而达到美容的效果。况且，它需要的用量很少，一天只需使用一次，一瓶可使用半年，并且适用于每一种类型的皮肤。”那位女士在听了这番细致的解释后，心里的价格障碍也就随之烟消云散了。

在销售洽谈中，销售员要多谈及产品价值方面的话题，尽量少提及价格方面的话题。这是因为，在交易中，价格是涉及双方利益的关键，是最为敏感的内容，所以容易造成僵局。化解这一僵局最好的办法是多强调产品对客户的实惠，能满足客户的需求。

销售理论研究表明，价格是具有相对性的，往往客户越急需某种产品，他就越不计较价格；产品给客户带来的利益越大，客户考虑价格的因素就越少。因此，要多谈产品的价值，少谈产品的价格。

以小藏大谈价格

在可能的情况下，要尽量用较小的计价单位报价，即将报价的基本单位缩至最小，从而隐藏了价格的“昂贵”感，客户也便容易接受了。

一位客户看中一块图案特别、质地精良的地毯，问销售员价格。“每平方米24.8元！”销售员回答。“这么贵？”客户听后直摇头。过了一会儿，又有一位客户问这块地毯的价格时，销售员微笑着反问道：“你为多大的房间铺地毯？”“大约10平方米吧！”销售员略加思索后说：“使你的房间铺上地毯，只需一角多钱。”“一角钱？”客户一脸的惊讶和好奇。“你的房间10平方米，每平方米是24.8元，一块地毯可以铺5年，每年365天，这样你每天的花费不就是一角多钱吗？”销售员解释道。最后，客户欣然买下了这块称心如意的地毯。

这种把商品价格分摊到使用时间或使用数量上的做法，常使价格显得微不足道，非常容易使客户接受。

齐格勒曾销售过厨房成套设备，主要是成套炊事用具，其中最主要的就是锅。这种锅是不锈钢的，为了导热均匀，锅的中央部分设计得较厚，它的结实程度是令人难以置信的。当齐格勒在销售时，客户经常表示异议：“价格太贵了。”“先生，您认为贵多少呢？”对方也许回答说：“贵200美元吧。”这时，齐格勒就在随身带的记录纸上写下“200美元”。然后又问：“先生，您认为这锅能使用多少年呢？”“大概是永久性的吧。”“那您确实想用10年、15年、20年、30年吗？”“这口锅经久耐用是没有问题的嘛。”“那么，以最短的10年来算，对您来说，这种锅每年贵20美元，是这样的吗？”“嗯，是这样的。”“假定每年是20美元，那每个月是多少钱呢？”

齐格勒边说边在纸上写下了算式。“如果那样的话，每月就是1.67美元。”“是的。”“可您的夫人一天要做几顿饭呢？”“一天要做两三次吧。”“好，一天只按两次算，那您家中1个月就要做60次饭！如果这样，即使这套极好的锅每月平均贵上1.67美元，和市场上卖的质量最好的成套锅相比，做一次饭也贵不了3美分，这样算就不算太贵了。”齐格勒一边说一边把数字写在纸上，并让客户参与计算。在计算的过程中，他总能让客户不知不觉地摒弃“太贵了”这个理由而促成购买。

从心理学的角度来说，当一个人所面对的是一个较小的决定时，他一般更容易做出肯定的反应。以小藏大谈价格的技巧正是基于这一思想，使客户产生了一种数字上的错觉，在让客户最容易接受的时候巧妙地促成了交易。

推销员的底价策略

“再便宜一点吧！”“你就不能再便宜一点儿吗？”每当销售员听到客户说这话的时候，都有一种自己快疯了的错觉，但即便如此，也能从中获利。

为什么销售双方在你来我往的一轮一轮讨价还价中都感到疲惫不堪，却仍然乐于此道呢？主要因素可能还是企业的定价制度。由于定价制度不健全、不科学，导致销售员即使开出了价也非最后的不可变更的价格，而是留有余地的。

身为销售员，当你碰到讨价还价的客户时，你要先确认问题在哪儿，确定客户是不是在其他店里看到同样的东西，但价钱却比你这里更便宜。事实上别忘了告诉他，即便是同样的商品，你也不能单凭价钱来决定是否购买，因为除了其本身的价格外，商品价钱可能还包括运送和售后服务等。换言之，你要告诉你的客户没有哪样商品真的是完全一样的。

有些销售员说：“这是我的底价，我卖给你一分钱都挣不到，还要赔钱，要不要随便你！”可是问题是，这到底是不是真的底价？作为销售员的你，应该心里有数吧！

那么在讨价还价的过程中，究竟我们有哪些选择呢？以买卖房子为例，假若你是中间代理商，你向买房子的人这样说：“这是我们公司对这套房子及房内的家具能给你的底线。你可以考虑3天，如果你能接受咱们就成交，若你不能接受我就把现金退给你。”

“底价”策略可能会增加交易的力量，也可能会减弱。如果你所提的“底价”不被对方信任的话，那这种力量必然减少。当然，在提最后条件时的用语和时机，也是决定策略成败的重要因素。

假若你看对方就要开出“最后底价”，那你不妨先下手为强。

某地产经纪人正在向客户推销A、B两处地产，而这时他真正想卖出去的是A房子，因此他在跟客户交谈时这样说：“您看A房子怎么样？已经有两人看中了，要我替他们留着。所以您还是先看B房子吧！其实它也不错的！”

客户当然两座房子都要看的，而经纪人在客户的心中却留下了“A房子已经被人认购，肯定不错”的感觉，在这种心理暗示的作用下，他就会觉得B房子不如A房子。最后，带着遗憾走了。

过了几天，这位经纪人又高高兴兴地找到了这位客户，告诉他：“您现在可以买到A房子了，您真的很幸运，以前订购A房子的客户资金一时周转不过来，我劝他们不如暂时缓一缓。我那天看您对A房子有意思就特意给您留下来了！”

听到这些，客户当然会在心里庆幸自己终于有机会买到A房子。此时不买，更待何时？一次买卖很快成交了。

当客户讨价还价时，往往表明客户对商品有兴趣，只要销售员让一点价，生意就能成交。而事实上，客户也有可能只是在试探底价，以便和你的竞争对手的底价进行比较。

客户拒绝成交的价格原因

在销售过程中，客户针对价格问题会提出各种各样的反对意见，针对这些意见，销售员要认真分析原因，加以解释，这样才能排除销售中的障碍，达成交易。

在一般情况下，当客户认为自己不具备消费能力的时候，这可能是一种借口，其真正的原因可能是想买别的产品，或者是客户不愿动用存款。也可能是因为销售员的说服工作做得不够，客户还没有意识到产品的价值，所以没有产生购买欲望。对此销售员要深入细致地调查，如果发现客户确实无力购买你所提供的产品，最好的解决办法是暂时停止向他销售，等他的经济状况有所好转时再向他销售。而如果发现客户总的经济状况很好，但资金暂时不足时，此时销售员可主动建议使用别的支付方式，这样既解决了客户的难处，又达成了交易，可谓两全其美。

在客户无力支付现金时，销售员还可以劝说客户给出一个最迟的付款期限，或者劝说他延迟购买别的可缓购的商品，把所有资金集中起来购买急需品。

如果客户不想购买产品，那么价格高低就不是真正的拒绝原因，而是借口。客户可能因为产品不符合他的需要，他经济条件不行或是他已看中了类似的其他产品，不好直说，而以价格作为借口。此时，销售员必须摸清客户拒绝购买的真正原因，不可在讨价还价上浪费时间，影响整个销售工作。

有的客户对于产品的价格会先入为主，坚持自己固有的看法，而这些看法往往是错误的，他们过低地估计了生产成本，特别是低估了那些所谓“简单产品”或者大规模生产的产品的成本。面对这样的客户，销售员就要用大量的具体事实向客户做出解释，纠正他们的错误认识。如果所面对的是众多客户，销售员及企业就有必要开展一场大规模的宣传活动来提高客户对产品价值的认识。

销售员如碰到客户看到同类产品的价格较低这种情况，最好就价格问题做一些解释，详细介绍价格不同的原因，并且中肯地指出客户在进行价格比较时所忽略的方面，比如产品的质量、性能等方面。有时客户是固执的，你必须弄清楚客户有异议的真正原因，然后再与之进行商讨。有一点必须强调，在解释中，必须让客户看到你的产品的优点以及客户购买你的产品可带来的好处。如本企业的成就、技术、研究成果、服务项目、产品配套、零部件更换等，并以此向客户表明，你所销售的产品确实物美价廉。

有些客户天生喜欢挑剔，在价格上挑毛病是他们的一种习惯，任何产品他们都想削价，“太贵了”是他们面对销售时的口头禅。针对这些客户，不予理睬是最好的办法，将你的中心话题集中于产品的优点。如果销售的是一些大批量生产的产品，可先提供一些昂贵的产品，让客户的精力花费在讨价还价上，然后再把话题转向价格比较低的产品，这样，客户就会感到价格比较合理了。

有时候，客户提出价格方面的拒绝，仅仅是一种试探，为了看一看销售员对价格的坚持程度。这时，销售员如果既不为之所动又保持应有的礼貌，客户就不会再坚持。所以销售员在价格争议中，不可为了讨好客户，而轻易地让步。这样不仅会导致大幅度的降价，更有可能影响销售员在客户心目中的信誉。

“临门一脚”，漂亮成交

在销售活动中，成交的时机是非常难以把握的，太早了容易引起客户的反感，造成签约失败；太晚了，客户已经失去了购买欲望，之前所有的努力全部付诸东流。那怎么办呢？有经验的销售员告诉你，当成交时机到来时，客户会给你一些“信号”，只要你留心观察，就一定可以把握成交时机。

销售工作最终的目标是完成生意，销售人员必须把握好向顾客提出成交的请求的时机。在进行销售的过程中，销售人员自始至终都要非常专注，了解顾客的一举一动，尤其是其所表现出来的语言。在这个过程中，只有拥有敏锐的洞察力，才能找到好的成交时机。

当准客户出现下列的情况时是成交的最佳时机：

客户表情发生变化。表情是客户内心变化的外在表现，是客户心灵的晴雨表，它直接折射出客户内心世界的活动。比如：客户沉默思考，他或许正在内心盘算买还是不买；客户仔细阅读资料，他是想通过资料详细了解情况；客户脸上出现笑容，这表示他对商品、价格或销售人员表示满意。

客户体态发生变化。身体向前倾，表示对某件事情的特别关注；不断地点头，表示对你所谈内容的认可；倒水、倒饮料或拿食物给你，表示想通过这种方式对你表示认同。

客户语言发生变化。对你的敬业精神表示赞赏，表示他认可你对工作所持的态度；询问别人购买的情况，说明客户想进一步佐证商品的可靠性；询问售后服务的情况，表明了客户对购买商品后的担心。

这些情况多发生在顾客心情非常快乐，听销售人员介绍完商品说明后，或解释完反对意见后。一个优秀的销售人员必须具备敏锐的观察能力，时刻注意客户言谈举止的变化。成交的时机会出现在专业化销售的任何一个阶段，这需要销售人员细心的观察和用心的把握。

销售人员有以下情况要及时改变：一是不敢做成交的动作，对成交有一种莫名其妙的恐惧感。克服这个毛病要对成交有一种强烈的愿望和不怕失败的良好心态，要在心里默默地暗示自己：一定会成交！一定能成交！二是技巧不娴熟。成交之前的准备工作是很要紧的，要充分估计对方可能出现的所有问题，这样就会做到胸有成竹、临危不乱。

客户的购买信号具有很大程度的可测性，客户在已决定购买但尚未采取购买行动时，或已有购买意向但不十分确定时，常常会不自觉地表露出他的态度。在大多数情况下，客户决定购买的信号通过行动、言语、表情、姿势等渠道反映出来，销售员只要细心观察便会发现。

当客户由坚定的口吻转为商量的语调时，就是购买的信号。另外，当客户由怀疑的问答用语转变为惊叹用语时也是购买的信号。例如："你们的产品可靠吗？你们的服务怎么样？"等问句，如果变成"使用你们产品之后有没有保障呢？必须多久保养一次？"也都透露出客户在认同产品后，心中想象将来使用时可能产生的问题，因此会以问题来替代疑惑，而呈现想要购买的前兆。

当客户为了细节而不断询问销售员时，这种一探究竟的心态，其实也是一种购买信号。如果销售员可以将客户心中的疑虑一一解释清楚，而且答案也令其满意，订单马上就会到手，怕就怕有些客户会问一些不着边际的话来逗你，让你疲于奔命，或是问一些十分艰涩的问题，企图用问题来打垮销售员的信心，此时销售员必须凭着经验判断客户的用意，并在短时间内转移话题，再导入销售之中，才能继续运用先前所努力的成果。

有以上情况发生时，已经不再是需要考虑的时刻了，这些问话，都是成交的信号，你要赶紧抓住这个机会。

一名优秀的销售员不仅应该知道如何捕捉客户的购买信号，而且应该知道如何利用这些购买信号来促成客户的购买行动。

捕捉到了成交时机，就可适时地取出合同。合同未必要等到签约时才取出来，可与你的建议书、企划书及其他资料一并取出来。

一旦商谈说明到位，客户有所触动时，就要立即完成成交的动作。生意的很多机会往往就在刹那间，机不可失、时不再来，要善于把握机会。

签单时的注意事项

和客户沟通感情就必须有耐心，不能急于求成。急于求成的销售员认为自己的时间宝贵，想着自己还有多少客户要去约见，却没有考虑到如果交易没有达成，其实质就是浪费时间。销售员与其试图在有限的时间内和几位客户沟通，倒不如在有限的时间内和一位客户达成交易。

许多销售员将他们的工作视为一个巨大的销售促成阶段，却未能了解其心理特性，以致鲁莽行事，最后只得丢掉了生意。

那么，在签单时，销售员应该注意哪些问题呢？

1. 不要慌张

慌张、性急都会使即将到手的买卖功亏一篑，所以一定要沉着应战。

2. 耐心与客户沟通

初次与客户接触时，可以采用灵活迂回战术，以便与客户搭界，但在最后签约成交的决战中，则不能浪费一颗子弹，要全力制造气氛促使对方决定购买。

3. 当心乐极生悲

要做到喜怒不形于色，否则，乐极生悲，使得客户心中生疑，落个空喜一场。到了最后成交的阶段，你要做的就是再鼓舞客户，使其欲望不断升温。

4. 不要急于降价

到了最后关头，要不要减价则无所谓了，客户这时要求减价，多是存侥幸心理，不会因为减价而改变主意的。

对于价格低廉的商品，也许可以赶快离开以提高工作效率；但如果是大件商品，尤其是客户花费较多的商品，如果迅速离去往往会使客户生疑，以为自己上当，进而产生取消交易的想法，而且极有可能将想法付诸行动。一般认为在销售员和客户达成交易之后，销售员应按照以下步骤来安排自己的离开。第一，收拾资料，并将现金很慎重地收进皮包内，这个动作一定要让买方看出该销售员十分稳重；第二，给公司的同事打个电话，要当着客户的面打，明确地向公司表示这位客户已经购买商品，请公司立即登记；第三，赞美客户眼光独到，购买了自己的商品，其购买行为会给其带来很多便利；第四，告诉客户有必要和朋友一起享用，因为客户的选择是相当明智的，这种明智的决策足以成为客户向其朋友炫耀的资本；第五，很礼貌地向客户告别。和客户告别时要郑重地向客户道谢。耐心是一名销售员应该具备的基本素质。如果销售员没有耐心，一遇到拒绝就立即放弃，是很难取得成功的，同时也会给客户造成不好的印象。

以下是销售专家为成交规划的四个步骤，值得借鉴。

第一，接近。取得和客户接触的机会。

第二，销售员。既销售自己，又销售商品。

第三，拒绝处理。通常也叫异议处理，这是谈判的磨合过程。

第四，促成。主要是向客户提出成交要求。

理论专家们强调必须按部就班，欲速则不达。这种理论有一定的道理，虽然销售员可以通过促成试探来寻找成交的时机，但是就达成交易的全过程来看，这种模式比较多见。

第五章

让头回客成为回头客的10个服务细节

有些销售员每天都忙于开发新客户，但他们的业绩却不见好转；一些销售员并没有那样“勤劳”地开发新客户，但他们却好像有做不完的生意。这是因为一般的销售员忽略了他们的老客户，他们不知道，老客户其实是一笔宝贵的资源，是一座金矿。

老客户已购买过销售的产品，他们认识销售员，并且彼此之间建立了信任和友好的关系。所以，销售员不一定要去开发新客户，却一定要做好老客户的生意。满意了的客户就是你最好的广告。通过人脉介绍成功销售的机会，比直接销售给陌生人的机会大了400~600倍。

为客户建立档案

原田一郎进入明治保险公司，整整工作了30年。

原田一郎平均每个月用1 000张名片，30年下来，他累积的准客户已达2.8万个以上。他把这些准客户依照成交的可能性，从A到F分级归类，建立了准客户卡。

“A”级是在投保边缘的准客户。这一级的准客户，只要经他奉劝，随时都可能来投保。

一个准客户要从“F”级晋升到“A”级，虽然偶尔也有只见过一次面的，在原田一郎充分的事前调查工作基础上，一拍即合，但大多数都还是历经数月或数年，一级一级爬升上来的。

“B”级是由于某种因素不能马上投保的准客户。这一级的准客户，只要稍待时日，会晋升至“A”级。

“C”级的准客户与“A”级的相同，原来都属随时会投保的准客户，但因健康上的关系，目前被公司拒保。

“D”级的准客户健康没问题，不过经济状况不太稳定。由于人寿保险属长期性质的契约，保费须长期缴纳，若收入不稳定，要长期支付保费就成问题了。这类准客户则有待他们的经济状况改善后再行动。

总而言之，从“A”级到“D”级的准客户的共同点是，对保险制度都有充分的了解，他们也都有投保的需要和意愿。原田一郎只不过就彼此间的不同点，加以分门别类，以便于自己的分析与辨认。

原田一郎从事了近30年的销售保险工作，从来不勉强准客户投保。若忽视了这一点，而用种种软硬兼施的方法，勉强准客户投保的话，将会产生许多中途解约的后遗症，这是得不偿失的。做到这一点尤其难。

身为保险销售员，最高兴的事莫过于准客户主动说：喂！你来得正好，我左思右想，还是决定投保了。

设法使准客户对商品有正确认识之后，再诱导他们自发前来购买，这是销售员的任务。

“E”级的准客户对保险的认识还不够，销售员与准客户之间还有一段距离。这表示销售员的努力不足，还须再下功夫进行深入调查。

“F”级的准客户包括两种：第一种是在一年之内很难升等级者，第二种是仅止于调查阶段。

针对第一种“F”级准客户，只得根据实际状况，再做调查，或继续拜访，以求能逐渐晋升等级。

至于第二种“F”级准客户，他们很可能富有、健康，但因为还在进行调查工作，因此尚未正式访问。这些人很可能在面谈之后，立即晋升至“A”级。

上述“A”级至“F”级的准客户，不论哪一级，只要原田一郎与他们一有接触，马上详细记在准客户卡上。诸如：

与准客户交往的情况：时间、地点、谈话内容、感想等；

如果不能见面，把原因详细记下；

自己为准客户所做的服务工作一一记下；

自己对这次访问的意见。

原田一郎通常会根据这些准客户卡上的记录，回想当时交谈的情形，以及对方的反应，然后边想边反省，并做下列两件事：

第一件：检讨错误的内容，加以修正或补充；

第二件：修改自己的姿态，以便于更能接近准客户。

从准客户卡上，不但要看到准客户的全部情况，也要看出自己在这次销售员中的全部记录，然后反省、检讨、修正，再拟订出下一次的销售策略。

除了上述的“A”级至“F”级的准客户之外，还有一种原田一郎自己都无法掌握其未来动向的准客户。原田一郎本打算将这些准客户归入“F”级，但因为自己的努力不够，或是他们的条件不合，致使无法把他们归类到“F”级。

原田一郎把这些无法归类的准客户整理成一堆，暂时束之高阁，等待时机。不过，每逢闲暇时刻，他会取出这些准客户卡，一一仔细检查，看看过去的做法是否有遗漏或疏忽之处，以便给这些卡片以新生命。

现代的社会是瞬息万变的，而准客户的情况也随时在变。所以我们要把握住每一个变化契机，然后进行最有利的行动。

原田一郎说：“我的每一张准客户卡都是有血有肉、有生命的。它经过多次的记录与检查后，已成为我的知己，陪伴我度过无数的岁月。在一张张卡片上，我看到了自己成长的足迹。”

全面掌握客户的信息

有一位名叫一川太郎的销售员极受客户的喜爱。他是汽车销售员，每天早上开完早会后，他就向课长详细地报告当日行程，然后马上展开挨家访问。他的早课是中午以前会见10名用户，询问产品使用后的情况怎样，有时也会亲自调整汽车的零件、检查汽车机油是否无误，等等。据说，他的客户都对这种关心表示好感。特别是女性用户，更是欣赏之至。

一川太郎最厉害的招术是，若无其事地推动新客户进入自己的销售网中："太太，上次您提到一些朋友，目前情况怎样？希望有机会帮我美言几句。"对一川太郎来说，售后访问变成了寻找准客户，而当前的客户，便成为最有力的情报源。

有力的情报源该如何建立？情报源的选取又该依照什么标准？

一川太郎曾一一列举：第一，过去销售成功的客户，最适合担任情报源；第二，居于情报往来最频繁的地区，如商店老板，都是理想的情报源人选。听说一川太郎对这些老板非常亲切，他们也乐于将情报提供给一川太郎。其他角落其实也存在着客户信息源，像左邻右舍、街道干部、托儿所的保姆以及街头巷尾的老太太们，也都是有分量的客户信息源。这些人在地区上都具有发言权，甚至还能影响当地舆论，因此要拉拢他们，成为自己销售员的伙伴。

在公司方面，一川太郎是以私人关系建立人缘的。首先，他会找同校毕业的校友为他铺路；其次，再与同乡会的人搭上关系，有劳他们在各公司宣传。另外，如朋友聚会与其他种种餐会，也是攻略要地，只是彼此陌生，必须随时顾及对方感受，且不要忘记说声"请多关照"。

一川太郎的客户信息源中，不乏社会上的名流之士，也有不少是各界重量级人物。在与这些人联络感情时，绝不能出现笨拙的小动作，毕竟他们都深具洞察力的眼光，一旦被他们看不起，就没有回旋的可能。因此，他总是以大方、诚恳的态度去面对他们。

总之，客户信息源是建立在人与人之间的交往中，因为是像蜘蛛网般的线路，所以不能经常地整理。最好是在客户生日时寄张小卡片或小礼物，随之附上一张名片即可。

一个销售员对于准客户的调查，不必考虑太多，也不可犹豫不决，机会稍纵即逝，因此必须立即行动，咬住不放。只有不断寻找机会的人，才能够及时把握住机会。

一位优秀的销售员能与销售融为一体，时刻都在想着怎样进行销售，从不放过任何一个有助于销售员工作的机会。

一个杰出的销售员，不但是一个好的调查员，还必须是一个优秀的新闻记者。他在与准客户见面之前，对准客户一定要了如指掌，以便在见面时，能够流利地述说准客户的职业、子女、家庭状况，甚至他本人的故事。由于句句逼真亲切，很快就能拉近彼此的距离。

因此，在与准客户见面之前，除非把对方调查得一清二楚，否则绝不与他见面。销售成功与否，与事前调查工作的好坏成正比。

与准客户见面的时候，就对方而言，是平生第一次见到你，但对你而言，已经摸清了他的底细，就像10年的老友了。

准客户卡是销售员作战的最重要资料，因此都被视之为“一极机密”。客户越多，你的成功几率就会越高。因此，不要放过任何一个发现新客户的机会，要利用一切资源去扩大自己的客户网络。

把客户联系在一起

为了更好地联络客户，抓住客户，销售员不妨试着打造一个“客户俱乐部”。也就是说，把你所有的客户都紧密地联系起来，并通过第三者的介绍，结识更多的客户。

第三者介绍的主要方式是信函介绍、电话介绍、当面介绍等。接近时，销售员只须交给客户一张便条、一封信、一张介绍卡或一张介绍人名片，或者只要介绍人的一句话或一个电话，便可以轻松地接近客户。

当然，介绍人与客户之间的关系越密切，介绍的作用就越大，销售员也就越容易达到接近客户的目的。介绍人向客户推荐的方式和内容，对接近客户甚至商品成交都有直接的影响。因此，销售员应设法与客户搞好关系，尽量争取有关人士的介绍和推荐。但是，销售员必须尊重有关人士的意愿，切不可勉为其难，更不能欺世盗名，招摇撞骗。

第三者介绍接近法也有一些局限性。由于第三者介绍，销售员很快来到客户身边，第一次见面就成了熟人，客户几乎无法拒绝销售员的接近。这种接近法是比较省力和容易奏效的，不可加以滥用。因为客户出于人情难却而接见销售员，并不一定真正对销售产品感兴趣，甚至完全不予以注意，只是表面应付而已。另外，对于某一位特定的客户来说，第三者介绍法只能使用一次。如果销售员希望再次接近同一位客户，就必须充分发挥自己的接近能力。

比尔·盖茨在创业的时候，就知道了这一点。在他20岁的时候，签到了一份合约。这份合约是跟当时在电脑行业排名全世界第一的公司签的，那个公司叫作IBM。那时候比尔·盖茨是一个无名小卒，他哪里签得到这么大的“鲸鱼”？可能很多人不知道，比尔·盖茨之所以可以签到这份合约，中间有一个中介人——比尔·盖茨的母亲。她是IBM的董事，妈妈介绍儿子认识董事长，这是理所当然的事情。假如当初比尔·盖茨没有签到IBM这个订单，他今天绝对不可能成为世界首富。

另外必须指出，有些客户讨厌这种接近方式，他们不愿意别人利用自己的友谊和感情做交易，如果销售员贸然使用此法，会弄巧成拙，不好下台，一旦惹恼了客户，再好的生意也有可能告吹。

要成为优秀的销售员，你必须随时考虑各种策略，不断努力。如果你的表现让你的客户觉得你很有敬业精神，可能产生这样的效果：即便你不积极地去争取，客户也会自动上门。能够做到这点的，绝对是一个卓越的销售员。

如果你的老客户对你抱有好感，就会为你带来新的客户，他会介绍自己的朋友来找你。但是这一切的前提是你用自己的魅力确确实实感染了他。而且你们之间有一种信任的关系，也许是那种由于多次合作而产生的信任关系，但不一定是朋友的关系。因为总是有一些人把工作和生活分得很清楚。其实，只要你让你的老客户对你产生了这样的好感，他会对他的朋友介绍说："我经常和某个销售员合作。他很亲切而且周到，我对他很有好感。"既然是朋友的推荐，那位先生一定会说："这样啊，那我也去试试看。"这对销售员来说，就等于是别人为你开了财路。

所以基于这种想法，你平时要不断地设法拓展自己的客户群体。去争取新的客户固然很重要，但是留住老客户更加重要。只要能好好地维系和每一位老客户的关系，建立一个和谐的"客户俱乐部"，你或许能因此而增加更多新的客户。相反的，失去了一位老客户，则可能使你失去许多新客户上门的机会，绝对不能做"得了芝麻丢了西瓜"的傻事。

巩固老客户，开发新客户

客户资料是一笔宝贵的资源，尤其是公司的那些老客户，对公司的稳定和发展具有至关重要的作用。所以，我们在与对方建立了客户关系后，一定要巩固好老客户。除了上面提到的要经常与客户保持联系外，我们还应当认真整理并妥善保存客户资料。

客户资料主要来源于以下几个方面。

1. 与客户所签订的协议书或者合同书

一般情况下，在与客户达成一定的协议后，我们会与客户签订一份协议书或者正式的合同。在这些协议书中就包含着最基本的客户资料，这些基本资料主要包括客户名称、电话、地址、主要负责人、法人代表、企业组织形式等，当然，在有些协议书中还包含有企业的简介以及主要负责人的一些个人信息。以上这些信息都是最基本的客户资料，需要妥善保管，分类保存。

2. 企业的宣传材料

在与客户的长期交往过程中，客户可能会为我们提供各方面的宣传材料，这些材料主要记录着企业的产品信息和企业的一些组织信息。通过这些材料可以判断出企业的发展潜力、经营观念、经营方向、经营政策、经营规划、经营特点等。这些是企业的深层信息，对这些信息的分析和掌握，对于双方以后的合作将具有重大意义。

3. 客户所提供的名片

虽然是电话拜访客户，但是可能双方签订最终的协议时还需要直接会面。在直接会面结束后，双方可能要交换名片。客户所提供的名片也会含有一些客户信息，如客户的姓名、职务、所属公司、业务范围、电话、地址、邮箱、网址等。名片所包含的主要是客户的个人信息，这些信息对日后双方的合作同样具有重要价值。

4. 其他方面的材料

其他方面的材料，主要包括客户的传真材料、提供的专业性的数据，以及公司网站上的综合材料等。这些材料颇具专业性，也具有很强的针对性。这对于深层研究和开发客户具有重要的参考价值。

5. 业务往来中的其他信息

与客户建立了一定的合作关系后，双方在合作的过程中肯定少不了业务往来。在业务往来的过程中，我们自然就会对客户的经营状况、存在的问题、具有的优势，以及企业的实力、信用状况、交易条件等有了深层的了解。同时，客户也会向我们提出新的问题、要求和建议，他们对我们的总体情况也会有一个相应的评价。这些信息汇总起来，也是一些十分有价值的客户资料。根据这些资料，我们可以调整我们的经营方针和经营策略，这对巩固客户关系十分重要。

通过以上几个方面掌握的客户资料已经比较详尽了，当然掌握的客户资料越多越好，越详细越好。掌握了一定的客户资料后，还要对这些资料进行分类整理，并对这些材料进行深层的分析，从材料中发现问题，挖掘出更有价值的信息，然后再进行归档保存，以备日后查找。

上面提到了巩固老客户的一些方法，下面让我们再来看一下如何利用老客户来开发新客户。

对于许多有经验的电话拜访人员而言，被推荐的客户是其新生意的主要来源。在现有客户的介绍下与你联系的客户，比通过电话直接寻找客户要容易得多。

首先，被推荐者已经属于潜在客户，虽然仍是陌生人，但推荐者根据自己的经验已经初步认定被推荐者是有可能购买你的产品或服务的。

其次，推荐本身能给被推荐者带来一定的信任感，而不是陌生人对拜访人员直接的反感。

最后，推荐可以给拜访人员带来更好的信誉，无论是否成交，被推荐者都会认为你是一个值得信赖的人。

研究表明，推荐生意的成交率是55%。相比之下，如果你是个新手，可能你接触一百个人都不能成交一单生意。可见，对销售员来说被推荐的客户存在着巨大的潜力价值！

做好推销的收尾工作

销售人员从一开始走进顾客的家，到最后离开，一言一行都会对顾客的购买决定产生影响。在顾客面前表现得相当好，但交易成功后便判若两人了；交易刚刚结束，马上带上自己的物品向顾客告别了；甚至在客户签了订单或付了订金的那一刻，立即结束和客户之间的谈话，匆忙地撕下订单的副本交给客户，然后，清点一下订金，察看客户是否在支票上签了名，再把支票小心翼翼地收到口袋里，就风风火火地离去了。像这样的销售人员做不到妥善收尾，即使前面工作做得再完满，也是一个“败笔”。

收尾工作不妥善、急于收尾，害怕客户反悔而匆忙逃离，这些细节问题容易使客户中途变卦，放弃与你的合作。本来已经达成协议，却由于收尾工作不妥善导致客户中途反悔，使到手的业务又飞了，这对销售人员来说，要比一开始就遭到拒绝更令人难堪和难过。所以，销售人员应把整个销售工作做得圆满从容，千万不能在最后一关留下遗憾。

事实上，销售人员所推销的产品是销售人员欣赏的，既然销售人员已经赢得了顾客的信任，而且如果销售人员自己也试用过产品，就应该明白自己产品的好处，应该知道顾客买下了产品，也将享受到产品的效用。为此，销售人员不应再怀有心虚的心态，担心顾客反悔，而是要在顾客面前充分表现出强烈的自信，只有对自己自信，顾客才信任你。

做到妥善收尾，销售人员要深入了解顾客的心理。通常顾客签完订单之后，都希望推销员能做一些事免除他们的后顾之忧，有时仅仅是希望能听到一些贴心的话语，让他们放下心来。或者是想从你这里寻求某种保障，听听你的意见或参考，希望从你这里得到更多的相关信息。当你给对方明确的答复，或提供保障的承诺，对方自然打消了后悔购买你的产品的念头，而对你和你的产品深信不疑。如果你在推销的过程中，没有做足这一点，没了解到顾客的心理，只是害怕客户反悔而匆忙收尾，结果将是失败的。

成功的销售人员在达成交易后，不会着急离去，而是继续和顾客交流。直到顾客完全满意，没有任何顾虑，销售人员才会离开。

对于销售人员来说，无论推销的是什么商品，无论服务多么到位，在最后关头如果匆忙收尾，担心客户反悔而急于逃离，都将前功尽弃。一旦客户对销售人员不满意，将合作目标转移别处，即使再怎么补救也为时已晚。因此，销售人员不如在收尾处多下功夫，做到让客户真正满意和放心，这是销售人员取得优秀销售成绩的保障。

1. 成交后不宜立即告辞

交易成功后，销售人员一定要和顾客多聊上几句，或尽量做一些事、说一些话安慰顾客，以使顾客感觉到更安心，避免有花了钱心疼或者认为不值得甚至后悔的想法。即使是顾客需要匆忙出门，你也要说：“有什么事那么忙？你一定得赶快出去吗？”然后再问一两个与生意毫不相干的问题，这样能让顾客觉得自己很受重视。

2. 再次进行“自我推销”

拿到订单或者交易成功之后，你可以当作认识了一位新朋友，多待一会儿。让顾客再次确信他对于你并不仅仅意味着丰厚的佣金，要让他知道你在乎他、关心他。不管有多少别的顾客在等着见你，销售人员都要和此时的顾客稍微谈几句，让他明白你对他感兴趣的原因并不是赤裸裸的金钱因素。正如在推销之前对新顾客推销自己一样，在成交之后销售人员要再做一番自我推销。这样做可以达到双重目的：第一，可以减少顾客后悔的机会；第二，有助于获得再合作的可能性。

3. 注意离去时的细节

销售人员在交易完成、离开顾客的时候，也有很多事情要注意。离去是否能给顾客留下难忘的背影，对销售人员能否赢得顾客的长期信任会起到很重要的作用。

强迫推销的销售人员多半会把门“砰”的一声关上，而凡是出色的销售人员都运用了背影的魅力。如果销售人员被顾客拒绝了，就立刻拉长脸，“砰”的把门关上立刻离去，是非常危险的。这种做法会让销售人员的市场渐渐缩小。

坚决不做“一锤子买卖”

销售地点人员“流动性”大，见人就卖，卖完就走，显然这是做“一锤子买卖”的生意经。许多销售人员都是图一时之快，从客户手中获得很大利润，然后就不再跟他们联系。这些销售人员认为很多交易都是一次性的，因此只追求销售是否成交，对已售出的产品不闻不问，对客户不加理睬。只要将商品推销出去，就算大功告成或只从自己的利益出发，而不考虑客户购买商品后的使用情况，这是一种错误的做法。

销售不是投机取巧，诱使顾客购买的“一锤子买卖”。真正的推销是以顾客为中心，从顾客的角度考虑，使顾客能够与营销人员一起，去发掘自己的需求，发现产品的功能、特点和给自己带来的价值，以最有利于自己的方式去购买和取得产品，以正确的方法使用产品，满足自己的需求。只有以顾客为中心，才会真正与顾客建立起长久关系，既能保证对顾客服务到位，使顾客的需求得到满足，又能使业绩稳定增长。

从另一角度来看，“一锤子买卖”很难让人信赖、信服。比如销售地点不固定、销售人员不稳定、销售的产品不知名等情况，这种“打一枪换一个地方”的做法对顾客来说，和欺骗、坑害消费者的行为没有什么区别。

在现代讲求诚信的销售理念下，“一锤子买卖”的生意经显然是站不住脚的。与其不计后果地幻想着大赚一笔，不如让买卖细水长流。来看下面这个成功故事，相信你一定大开眼界。

美国的“芭比”洋娃娃，每只售价仅10.95美元。就是这个看似寻常的洋娃娃，竟弄得许多父母哭笑不得，因为这是一种“会吃钱”的儿童玩具。

一天，当父亲将物美价廉的芭比娃娃买下并作为生日礼物赠送给女儿后，很快就忘了此事。直到有一天晚上，女儿回家对父亲说，芭比需要新衣服。原来，女儿发现了附在包装盒里的商品供应单，提醒小主人说芭比应当有自己的一些衣服。做父亲的想，让女儿在给娃娃换穿衣服的过程中得到某种锻炼，再花点钱也是值得的，于是又去那家商店花了45美元买回了“波碧系列装”。

过了一个星期，女儿又说得到商店的提示，应该让芭比当“空中小姐”，还说一个女孩在她的同伴中的地位，取决于她的芭比有多少种身份，还噙着泪花说她的芭比在同伴中是最没“身份”的。于是，父亲为了满足女儿的虚荣心，又掏钱买了空姐制服，接着又是护士、舞蹈演员的行头。这一下，父亲的钱包里又少了35美元。

然而事情并没有完。有一天，女儿得到“信息”，说她的芭比喜欢上了英俊的“小伙子”凯恩，不想让芭比“失恋”的女儿央求父亲买回凯恩娃娃。望着女儿腮边的泪珠，父亲还能说什么呢？于是，父亲又花费11美元让芭比与凯恩成双结对。洋娃娃凯恩进门，同样也附有一张商品供应单，提醒小主人别忘了给可爱的凯恩添置衣服、浴袍、电动剃须刀等物品。没有办法，父亲又一次解开了钱包。

当女儿眉飞色舞地在家中宣布芭比和凯恩准备“结婚”时，父亲显得无可奈何了。当初买回凯恩让他与芭比成双结对，现在没有理由拒绝女儿的愿望。为了不给女儿留下“棒打鸳鸯”的印象，父亲忍痛破费，让女儿为婚礼“大操大办”。

父亲想，谢天谢地，这下女儿总该心满意足了。谁知有一天，女儿又收到了商品供应单，说她的芭比和凯恩有了爱情的结晶——米琪娃娃。天啊，又冒出了个会吃钱的“第二代”。

从吃美金的芭比娃娃的描述中，您也许会责骂玩具店的老板在变着法子掏人的钱袋，但从市场营销的角度看，这种诱“敌”深入的“芭比策略”却给人深思与启迪。

推销绝不是“一锤子买卖”，它是一种长期的过程。很多信奉推销就是“一锤子买卖”的销售人员不重视和客户保持友好的关系，不注意客户购买商品后的服务跟进，也没有在适当的时间给客户打个电话询问商品的使用情况，结果随着时间的推移，发现推销工作越来越困难，因为已经没有了以前的那种推销热情。而信奉推销需要和客户建立友好关系的销售人员，注意服务跟进、在适当的时间给客户打电话询问商品使用状况，结果发现推销工作越来越容易，因为很多客户已经成了他的忠实客户。

因此，做好销售工作，销售人员就要把眼光放长、把眼界放宽些，不要为了眼前的一点蝇头小利就争抢拼夺，做“一锤子买卖”，到头来只会是“捡了芝麻，丢了西瓜”。

在销售人员和客户交谈的过程中，销售人员不要仅就商品而谈商品，应该着眼长远，从满足对方利益的角度来谈商品，这样才可能将对方变成自己的合作伙伴，而不是一次交易者。

成交之后再成交

很多推销员都认为成交是推销的结束，以为成交就万事大吉了。聪明的销售员却把成交看作是推销的开始。

一位上了年纪的庄园主，想在3个儿子中选一个接班人，将来继承他的庄园。有一天，老人把3个儿子叫到面前，拿出一些稻粒说：“我给你们每人3粒稻种，你们要好好保存，我什么时候向你们要，你们都要还给我。”

3个儿子都点头答应，然后拿着3粒稻种走了。

三年后的一天，老人自知属于自己的时间不多了，就把3个儿子叫到面前，让他们拿出保存的3粒稻种。

大儿子早就把稻种弄丢了，他赶紧从仓库里拿出3粒稻子交给父亲。老人一看便知不是自己所给的稻粒，十分生气地把大儿子责骂了一通。

二儿子不慌不忙回家取来一个盒子，那3粒稻粒就放在盒子里，父亲见后表示满意。

最后小儿子说：“父亲，我无法送来你原来给我的那3粒稻种了。我回去后找了块田，把稻粒种到田里，当稻子成熟时，我便及时收回，藏到罐子里。第二、第三年也如此。所以您现在要我把它全部弄来，恐怕得要两辆马车去拉了。”

老人听后十分高兴，决定选小儿子为继承人。

把精力放在销售上是没错的，但如果认为钱货两清后就没事了，那你永远都是种一粒种子结一个瓜。和客户建立起长久稳定的互利互惠关系，让客户给你拉客户，这样你的客户群才会快速增长。

将一次交易转变为再次交易，成交之后再成交，可以从以下几方面入手。

首先，在介绍商品上不要就商品而论商品。就商品而论商品的本质就是推销自己，销售人员要站在客户的角度上来谈论商品，这种方式才是营销自己。站在客户的角度考虑问题就应该将谈话的重点定为商品所带来的利益，而不是商品本身。

其次，在商谈的内容上，也不要局限于本次交易。销售人员可以和客户谈谈企业的发展前途、家庭情况和社会问题，也可以谈谈以后的交易如何进行等，这些问题都能有效地将客户的注意力从这次交易中转移开，使客户为了得到长久的利益而对销售人员做出必要的让步。

再次，在成交条件上，要做出适当的让步。这里强调的是适当的让步，是在原则范围内的让步，而不是无原则的让步。很多销售人员担心如果这次让步，下次就必须做出更大的让步。这种认识理论上有一定的道理，但实际上并不存在。因为销售人员所做的让步往往成为下次交易的标准，这种标准会成为惯例被客户和销售人员共同遵守。一般情况下，客户不会要求改变标准，因为标准的改变无疑会增加交易成本。

最后，在道别时销售人员要有再次交易的信念。不管交易是否成功，销售人员在道别时都要对客户十分尊重。如果交易成功，销售人员自然应该有这个客户会成为自己忠实客户的信念；如果交易失败，销售人员也应该有这个客户终将成为自己商品的购买者的信念。

成交并不是推销的结束，而是推销的开始。聪明的推销员都会把每一次成交看成是新的推销工作的开始，进行重复交易，才能使生意细水长流。

与客户保持长期联系

一名优秀的销售人员达成一笔交易往往会有三笔财富。第一笔财富是工资和提成，第二笔财富是经验的积累，第三笔财富是良好的客户关系。对于一次推销活动来说，销售人员的成功标准其实很简单。如果没有实现商品销售，也没有和客户保持良好关系，那这次推销活动无疑是失败的；如果没有实现商品销售，但是和客户保持了良好的关系，那这次推销活动就是还没有成功；如果实现了商品销售，没有和客户保持良好的关系，这次推销活动刚刚及格；如果实现了商品销售，又和客户保持了良好的关系，这次推销活动比较优秀。

销售大师乔·吉拉德销售成功之后，所做的事情就是，将客户及其与买车子有关的一切信息全部都记在卡片上。同时，他对买过车子的人寄出一张感谢卡。他认为这是理所当然的事。但是很多销售员并没有这样做。乔·吉拉德为买主寄出感谢卡，买主对感谢卡感到十分新奇，从而印象特别深刻。

不仅如此，乔·吉拉德在成交后依然站在客户的一边，他说："一旦新车子出了严重的问题，客户找上门来要求修理，修理部门的有关工作人员如果知道这辆车子是我卖的，那么，他们就立刻通知我。我会马上赶到，设法安抚客户，让他先消消气，我会告诉他，我一定让人把修理工作做好，让他会对车子的每一个小地方都觉得特别满意，这也是我的工作。没有成功的维修服务，也就没有成功的销售员。如果客户仍觉得有严重的问题，我的责任就是要和客户站在一边，确保他的车子能够正常运行。我会帮助客户要求进一步的维护和修理，我会与他共同战斗，一起去对付那些汽车修理技工，一起去对付汽车经销商，一起去对付汽车制造商。无论何时何地，我总是要和我的客户站在一起，与他们同呼吸、共命运。”

乔·吉拉德将客户当作是长期的投资，绝不卖一辆车子后即置客户于不顾。他本着来日方长的理念，希望他日客户为他介绍亲朋好友来车行买车，或客户的子女已成年者，而将车子卖给其子女。卖车之后，他总希望让客户感到买到了一辆好车子，而且能永生不忘。客户的亲戚朋友想买车时，首先便会考虑到找他，这就是他贩卖的最终目标。

车子卖给客户后，若客户没有任何联系的话，他就试着不断地与那位客户接触。打电话给老客户时，开门见山便问：“以前买的车子情况如何？”通常白天电话打到客户家里，来接电话的多半是客户的太太，她大多会回答：“车子情况很好。”他再问：“有没有问题？”顺便向对方示意，在保修期内该将车子仔细检查一遍，并提醒她在这期间送到这里检修是免费的。他也常常对客户的太太说：“假使车子振动厉害或有任何问题的话，请送到这儿来修理，请您也提醒您先生一下。”

乔·吉拉德说：“我不希望只销售给他这一辆车子，我特别爱惜我的客户，我希望他以后所买的每一辆车子都是由我销售出去的。”

生意谈妥之后，销售员往往因松了一大口气而忽略了后面的服务工作。倘若准备只做一次生意的客户，这种做法没有问题，但如果想要拥有长期往来的客户，服务工作做不好，常常在接了一个订单后，就像断了线的风筝，不知去向。

推销员对待客户要做到负责到底，与客户保持长期联系，解决客户的后顾之忧。销售员可以用电话联系、拜访客户、写感谢信等方法与客户沟通，让其感受到你的负责精神与服务精神。对于有出货期限以及分批出货的商品，销售员应与公司各有关部门保持紧密联系，追踪工作进度状况，这样才能避免造成双方的摩擦与客户的抱怨。

销售员无论什么时候都要对客户负责到底。为了能够销售成功，你应该在一年的时间里与客户至少联系6次。数一下你手上的客户数，然后把这个数字乘以6。当你以这种方式看待后续服务时，就能非常容易了解为什么有些销售员会有那么多的后续服务工作要做。

终身为客户服务

在营销手段日益成熟的今天，我们的客户仍然是一个很不稳定的群体，如何来提高客户的忠诚度是推销员一直在研讨的问题。客户的变动往往意味着一个市场的变更和调整，一不小心甚至会对局部（区域）市场造成致命的打击。如果你想成为一名优秀的销售员，请务必在关键时刻擦亮你的眼睛，以免你的客户在不经意间流失，给公司的市场运作及个人带来不利影响。

赢得终身的客户靠的不是一次重大的行动，要想建立永久的合作关系，你绝不能对各种服务掉以轻心。做到了这一点，客户就会觉得你是一个可靠的人，因为你会迅速回电话、按要求发送商品资料等。这些话听起来很简单，但要做到几十年如一日的优质服务并不是一件容易的事，它确实需要一种持之以恒的自律精神。

某公司的一位销售员曾经驱车20英里，给客户送去仅值4美元的油炸土豆条。有人问他："花那么多时间在这些小额订单上又怎么能赚钱呢？"他回答说："是公司要求我必须这么做。开车那么远，却拿到一份小小的订单，确实不如我的时间值钱，甚至还不及我的汽油值钱。但是一旦我让本公司商品摆上了货架，我就希望它永远留在上面。在我们这一行，保住了货架占位就意味着一切。我可不愿意因为我的服务差而失去更多的交易。”

该公司处于主导地位的最大原因，就是规定销售员们必须提供始终如一的优质服务。该公司所有的销售员都热衷于为客户服务，一旦他们踏进一家商场，他们就凭借这种长期的优质服务逐渐赢得终身的客户。

当你用长期优质的服务将客户团团包围时，就等于是让你的竞争对手永远也别想踏进你客户的大门。

销售员的工作并不是简单到从一桩交易到另一桩交易，把所有的精力都用来发展新客户，除此之外还必须花时间维护好与现有客户来之不易的关系。糟糕的是，很多销售员却认为为客户提供优质的服务赚不了什么钱。乍一看，这种观点好像很正确，因为停止服务可以腾出更多的时间去发现、争取新客户。但是，事实却不是那么回事。人们的确欣赏高质量的服务，他们愿意一次又一次地回头光顾你的生意，更重要的是，他们乐意介绍别人给你，这就是所谓的“滚雪球效应”。

销售员对产品的服务尤其是售后的回访和跟踪服务，是客户能否满意的重要保证。客户“回访”和“跟踪”是客户服务的重要内容，做好客户“回访”与“跟踪”是提升客户满意度的重要方法。

通过对各类客户群的随访，全面系统掌握产品在客户群中的使用动态，能及时准确地反映出产品的质量，还有客户在使用中遇到的一些问题，同时对客户进行回访与跟踪有利于第二次销售。要想创造永远的客户，做好回访和跟踪是关键。

一般说来，售后的回访和跟踪可分定期拜访和不定期拜访两种。定期拜访多半适用于技术方面的维护服务，如家电业及信息产业等，公司通常会定期派专员做维修、保养方面的服务。不定期拜访也称为“问候访问”，这是销售员必做的工作。这种售后的访问，通常是销售员一面问候客户、一面询问客户产品的使用情况。

在回访的最初阶段，聪明的销售员一般都会采用“二四八”法则。

“二”是指在产品售出后的第二天，销售员就应同客户及时联系并询问客户是否使用了该产品。如已经使用，则应以关怀的口吻询问，他是如何使用的，有无错误使用，这时“适当的称赞和鼓励”有助于提高客户的自尊心和成就感。如没有使用，则应弄清楚原因，并有针对性地消除他的疑虑，助其坚定信心。

“四”是指产品售出后的第四天。一般来说，使用产品后的第四天左右，有些人已对这一产品产生了某种感觉和体验，称为“适应期”。这时如果销售员能打个电话给他，帮他体验和分析适应期所出现的问题并找出原因，对客户无疑是一种安慰。

“八”是指产品售出后的第八天。一般来说，使用产品后的第八天左右，销售员应该对客户进行当面拜访，并尽可能带上另一套产品。当销售员与客户见面时，销售员应以兴奋、肯定的口吻称赞客户，诚恳而热情地询问客户使用该产品后的感受。若状况较佳，销售员则可以顺利推出带来的另一套产品。

所以，无论你推销什么，优质的服务都是赢得永久客户的重要因素。当你提供稳定可靠的服务，与你的客户保持经常联系的时候，无论出现什么问题，你都能与客户一起努力去解决。如果你只在出现重大问题时才去与客户沟通，那你就很难赢得他们的好感与合作。

巧妙处理投诉，让顾客转怒为喜

在销售活动中，客户通常对一些大件商品和高档商品的质量问题担心。客户辛勤工作，节俭生活，好不容易攒下的钱来购买他们所需要的高档耐用商品，如果在使用时发生任何质量欠佳的事故，得不到妥善解决，都会给客户带来沮丧，甚至抱怨及投诉。针对这种情况，销售人员一定要及时提供商品的质量保证服务，使客户在商品质量出现不尽如人意的问题时，能够及时得到检修或予以退换，这种售后服务可以弥补由于个别质量事故造成的客户抱怨和舆论压力。

某国产名牌鞋专卖店发生过这样一件事：一次，一名顾客怒气冲冲地找到店长，说："我在你们店花300多元买了一双鞋，没穿几天就开胶了，来退货，售货员不给办！你们就是说一套做一套，骗完钱了事！整天说什么'顾客是上帝'，我看就是挂在口头、贴在墙面上的空话！"

店长也很不高兴，情况都没说明白怎么就开始人身攻击了。于是勉强压下火气说："这位先生，我们的保修票据上说得很清楚，开胶了只能修不能退！"

没想到顾客更火了，喊着要去找消费者协会投诉，找媒体曝光该品牌。店长也不示弱，干脆据理力争，最后这位顾客嘴里嚷骂着出了店门。

客户投诉一旦处理不当，会引致不满和纠纷。其实从另一个角度来看，客户投诉是最好的商品情报，销售人员不仅没有理由逃避，而且应该怀抱感激之情欣然处理。

同样是面对客户投诉问题，下面这位销售员处理得就比较巧妙。

顾客："怎么回事，刚买的衣服还没怎么穿，底下就破了一个小口子，质量这么差，给我换一件好的！”

销售人员：“真不好意思，您是我们的老顾客了，只要是衣服的质量问题，我们一定会负责。不过，您带回去的时候衣服上并没有口子，而是您在穿着衣服的时候不小心导致的，所以这样的问题不属于质量问题。不过您如果愿意的话，我可以马上为您缝补好，保证和其他的地方看上去没什么两样。”

顾客因商品质量出了问题要求换货，销售人员首先应对商品进行检查，如果不是人为原因造成的，可以调换；如果是顾客使用不当造成商品损坏，销售人员应视情况而定，能给予修复的尽量帮助顾客修理完善，这样既避免了调换，也让顾客认为你的售后服务很完善。

在处理和解决顾客投诉时，要态度诚恳、语言婉转；多询问，少解释，绝不能争论或辩护，要站在顾客的角度看问题。同时，也要把握好处理原则，为顾客考虑，有问题了为客户解决，但不是企业的责任也不能因此给企业带来更大损失。

处理客户投诉，不仅要找出症结所在，尽量满足客户要求，同时必须努力维持客户的信赖。

处理投诉的用语要注意，因为此时客户的情绪一般比较激动。

在处理客户的投诉时，一定要把握好以下原则，否则，就会出现“过犹不及”的局面。

1. 以诚相待但不可轻易许诺

以诚相待是我们的基本态度，粗暴、怠慢只会激化矛盾，扩大事态。但以诚相待，并非等于对顾客的任何要求都要满足，一味取悦顾客，否则只会招致欺骗之嫌。你要相信：如向顾客动之以情、晓之以理，会得到大多数顾客的理解与配合。

2. 客观分析但不可轻下结论

顾客的投诉是多种多样的，一定要区别对待。把握产生投诉的根本原因，用委婉的表达方式阐明自己的观点，这样使顾客觉得你与他是站在同一立场分析、解决问题的，可为处理投诉起到良好的铺垫作用。

3. 适度灵活

在处理顾客投诉时，既要坚持原则又要灵活机动，弹性处理，使两者矛盾统一起来，有些货品的退换和小礼品的赠送，可能有一定的经济损失，但这损失是在预算控制内的。为长期赢得顾客，这种近期损失是可以接受的。

4. 分清主次，有的放矢

在处理投诉时，宜粗不宜细，为一些枝节问题而争论不清，只会偏离主题，而且是缺乏冷静、不分主次的表现。正确的做法是耐心倾听顾客投诉，抓住问题的要害，采取有效的措施加以解决。不要在没搞清顾客有什么要求的前提下侃侃而谈，将自己的概念、处理结果强加在他们身上，令其无所适从。在日常接到顾客投诉时，作为推销人员，首先就要学会倾听，这是成功沟通的前提。

第六章

实体店就该这么干的10个线下销售细节

销售是满足客户需求的过程，因为销售的产品能给客户带来利益。但不可否认，除产品外，销售员在推销过程中的一些细节处理，对销售的成功率也有重要的影响。

细节决定成败。当销售员把一件件简单事都做好时，就会发现，其实真正的大事业就隐藏在这些微乎其微的简单事当中！当销售员真正开始关注销售中的重要细节和信息时，高效率、好成果、升迁、尊敬、荣誉等都会迎面走来。

非笑莫开店，和气能生财

美国的“旅馆大王”希尔顿的发迹之路，其中主要一条就是微笑服务与和气生财。

希尔顿旅馆的创始人康拉德·尼古逊·希尔顿，出生于一个小皮货商贩之家。1919年，他接过父亲交给的2 000美元，连同自己挣来的3 000美元，开始了他雄心勃勃经营旅馆的生涯。当他的资产从5 000美元奇迹般增加到5 100万美元的时候，他欣喜而自豪地把这一成绩告诉母亲。想不到，他的母亲却淡然地说：“依我看，你跟从前没有两样……事实上你必须把握比5 100万美元更值钱的东西，除了对顾客诚实之外，还要想办法使每一个住进希尔顿旅馆的人住过了还想再来住，你要想出一种简易、不花本钱而行之久远的办法去吸引顾客。这样旅馆才有前途。”

母亲的话使希尔顿陷入迷惘，究竟什么办法才具备母亲所指出的“简单、容易、不花本钱、行之久远”这四大条件呢？他反复考虑此事，并亲自去逛商店、串旅馆，自己作为一个普通旅客和顾客亲自去体验感受。半年来，他不知走了多少间商店和旅馆。

功夫不负有心人，他终于找到了答案——就是和气生财。只有“和气”才实实在在地同时具备母亲提出的四大条件。于是，希尔顿实行了以微笑服务体现和气生财的经营策略。

每天，他对营业员的第一句话是：“你对顾客微笑了没有？”他要求每个员工无论如何辛苦，都要对顾客投以微笑；不管顾客什么态度，都要和气相待。即使在旅馆业务受到经济萧条的严重影响时，他也经常提醒员工：“千万不可把我们心里的愁云摆在脸上，无论旅馆本身遭受的困难如何，希尔顿旅馆服务员脸上的微笑永远是属于旅客的阳光。”

对于销售人员来说，所进行的事业是人和人的沟通，心和心的交流。销售人员要想获得成功，首先必须用自己的热情去感染对方。热情能够感染人，由热情散发出来的活力与生机、真诚与自信，一定能感染客户，引起客户的共鸣。作为销售人员，增强你的热情是必需的。因此建议你试试以下五个步骤。

1. 对事物保持热心

这个练习是帮助你建立对某种事物的热心的关键。简单地说，就是你想要知道自己对什么事物热心，就必须先学习更多你目前尚不热心的事。因为了解越多，越容易培养兴趣。只有进一步了解事情的真相，才会挖掘自己的兴趣。

2. 练就“微笑”功夫

你对所从事的工作是否有热情或者是否感兴趣，都会很自然地在你的行动上表现出来。你跟某人握手时，要紧紧地握住对方的手说：“我很荣幸能认识你。”而那种畏畏缩缩的握手方式还不如不握，这种方式只能让人觉得你是个死气沉沉的人，对你没有一点儿好感。

如果你的微笑可以活泼一点的话，那将更加能够表现你的热情。当你对别人说“谢谢你”的时候，要真心实意地说。一旦当你说话时能自然而然地渗入真诚的情感，你就已经拥有引人注意的良好能力了。

3. 传递好消息

尝试每天回家时尽量把好消息带给家人分享，告诉他们今天所发生的值得高兴的事情。尽量讨论有趣的事情，同时把不愉快的事情抛在脑后。也就是说，只能散布好消息，把好消息告诉你的家人和同事。要多多鼓励他们，每一个场合都要夸奖他们。要知道，优秀的销售人员专门传播好消息，每个月都去拜访自己的客户，并且经常把好消息带给别人。长此以往，别人也乐于见到你，因为见到你仿佛就是见到好消息了。

4. 培养客户至上的态度

你有没有想过为什么你总是看见这样的广告语："精明的少妇都使用……""白领阶层的人士都会使用……""想成为人人羡慕的对象就要使用……"其实这些广告语不外乎是在不断告诉大家：购买此商品让人感到心满意足，因此值得你去购买。这样的广告最本质的事实是，精明的广告商都了解"人人都希望获得名誉、地位以及被人认可"。

所以，建议你运用这样一个心理暗示，每天都对自己说："我要变得热情！"并让这个自我激发深入到潜意识中去。那么，当你在奋斗过程中精神不振的时候，这个激发词就会进入你的意识中，也就是说，一旦时机到来，这样的潜意识就会激励你采取热情的行动，变消极为积极，焕发精神。

5. 要用希望来激励自己

激励自己和他人，是发动一种行为以求产生特定成效的希望或力量。激励产生一种动机，再由这种动机推动人产生行动。

先推销自己，再推销产品

有句话说得很好："要推销商品之前先推销自己。"销售人员推销自己的重要方法就是在业务活动中对顾客以礼相待，否则就会因失礼于人而推销无望。顾客是挑剔的，他们只向值得信赖、有礼有节的销售人员购买产品。

在推销的过程中，一定要注意一个基本原则：在推销商品之前，要把自己先推销出去。客户虽然喜欢商品，但是如果他不喜欢你这个推销的人，也很可能不买你的商品。

自我行销并不是简单的自我推销。自我推销就是提供资讯给那些你所交流的人，以便引发其兴趣及创造获得回应的大好良机。它是营销的前奏曲和大门。

优秀的产品只有在具备优秀人品的推销员手中，才能赢得长远的市场。

作为一位推销员，首先要推销自己，然后推销公司，再推销产品，这样就会容易得多。因此，对于推销员来说，在与客户交流时要注意给他们留下好印象，特别是第一印象，这也许会对你的推销产生很大的影响。

在推销员和客户第一次见面时，如何给客户留下良好的印象是至关重要的。良好的第一印象会使客户对推销员心怀好感并久久难忘，这对推销员与客户之间感情的沟通大有好处；反之，坏印象则很难改变。但是，推销员只有一次给客户留下好印象的机会，因此千万要把握好这个机会。

究竟是为什么呢？这是因为客户购买产品时，不仅看产品是否合适，而且非常在意推销员的形象。

客户的购买意愿深受推销员的诚意、热情和勤奋精神的影响。调查表明，客户之所以购买你的产品，尤其是选择哪种品牌的商品，并非是对产品质量先有概念才决定的，而是源于对推销员的好感。据美国纽约销售联合会统计，71%的人之所以从你那里购买产品，是因为他们喜欢你、信任你、尊重你。一旦客户对你产生了喜欢、依赖之情，自然会喜欢、依赖和接受你的产品；反之，如果客户喜欢你的产品但不喜欢你这个人，买卖也难以做成。并且，推销员只有“首先”把自己推销给客户，客户乐意与推销员接触，愿意听推销员介绍，才会为推销员提供一个进一步推销产品的机会。

有些推销员给人的感觉很不好，一般有以下几种。

性格不开朗的人让人觉得死气沉沉，没有朝气，一副阴郁的样子。客户一看就扫兴，心情也会随之阴郁起来，在这种心理状态下，他很难产生买你商品的念头。

有的推销员初次与对方接触，就像遇上了十年没见面的老朋友一样，非常热情。作为推销员本人，自以为这是交际特技而洋洋得意，但是，一般情况下对方对此会有种说不出的感受，会对你存有戒心，使你达不到预期的目的。尤其在不了解对方脾气的情况下，这种人初次见面就会使人产生一种老奸巨猾的感觉，眼皮向上翻、皮笑肉不笑、点头哈腰、夸夸其谈等均在此列。

有的年轻人因为自己是大公司的推销员而自鸣得意，特别是到中小企业推销时，说话时总想显现出自己比对方优越，这样一定会伤害客户的自尊心。

向客户推销你的人品，最主要的是向客户推销你的诚实。现代推销是说服推销而不是欺骗推销。因此，推销的第一原则就是诚实，即古人早已教诲过的经商之道——“童叟无欺”。诚实是赢得客户好感的最好方法。客户希望自己的购买决策是正确的，希望从交易中得到好处，害怕蒙受损失。客户在觉察到推销员说谎、故弄玄虚时，出于对自己利益的保护，就会对交易活动产生戒心，结果可能使推销员失去那笔生意。

要时刻记住，诚实是推销的最佳策略，而且是唯一的策略。推销需要技巧，诚为上策，这是你所能遵循的最佳策略。可是策略并非法律或规定，它只是你在工作中用来追求最大利益的工具。因此，诚实就有一个程度的问题，这并非是鼓励推销人员“巧舌如簧”，而是在推销中应当注意一些技巧。

完成推销任务是推销员的天职。顺利完成推销任务，一方面，需要推销员和公司内的各个部门、销售经理之间有良好的沟通；另一方面，就是和客户要有良好的沟通。

沟通中，信心是首选的，也就是说话，推销人员应当口齿清楚、发音有力而又容易使人听懂，这是使声音有魅力的前提条件。所谓有魅力的声音，是指语调温和、言词通达，使人乐于倾听，感觉温暖的声音。

除了语言，推销员还要善于用自己的眼睛去捕捉——也就是仔细观察一个人的办公室及其财富——这将会有助于自己更好地了解客户的情况，并且能够帮助你推销成功。

从礼仪处展现你的尊重

有些销售人员总是认为推销就应以销售商品为中心，所以只要把商品的特点、性能以及使用商品会给顾客带来的益处宣传好，自然会达到推销目的，至于礼节上的规矩都是无用的东西，不必劳神费心。怀有这种想法的销售人员自然不会在和顾客的交往中注重礼仪，他们的心中只想着如何能把产品销售出去。事实上，你越想销售出产品，就越应该重视礼仪。因为有着良好的礼仪习惯的人会让顾客觉得更可信，也就能帮助销售人员更好地销售出产品。

有些销售人员与顾客初次交往时还处处注意礼仪，但多次交往后与对方熟悉了，便认为礼仪太多会与顾客之间显得太生分，所以便开始不讲礼仪了。比如，谈话随便，进出顾客家或公司旁若无人，打电话不分时间……殊不知，“熟”不讲礼往往隐藏着很大的危机，一件失礼的事情随时都可能断送与顾客形成的友好关系。

销售人员讲究礼节是十分必要的，一个举止得体、行为优雅的销售人员不仅代表了公司的形象，也是自身良好素质的体现。一个行为举止文明、严谨、做事干练的销售人员，也深得客户的喜欢。

如果说得体的仪表是销售人员的外在形象，那么文明的举止就是销售人员的内涵素质。一个成功的销售人员一定是个举止优雅、讲究细节的人，一个认真、严谨的销售人员带给客户的印象一定是可信赖的。相反，过于随便、不拘小节很难给客户留下好印象。因此，销售人员有必要在行为举止上下一番功夫，努力做到严谨、细致、文明、有度。

试想，当顾客光临门店时，看到的销售人员是下面的这些场景：

躲在柜台后面偷看杂志、剪指甲、化妆；

几个人聚在一起七嘴八舌地聊天，或是隔着货架与同事大声喧哗嬉笑；

胳膊支在产品上、货架上，或是双手插在口袋里，身体呈三道弯状；

背靠着墙或倚靠着货架，无精打采、发呆、打呵欠；

百般无聊地站在店铺一旁，或者吃零食；

远离自己的工作岗位到别处闲逛；

非常凝神地或是不怀好意地观察顾客的服装或行动；

专注地整理产品，无暇注意顾客；

长时间站在同一位置，或者站在顾客旁边，一直盯着顾客。

……

顾客的心里会有什么感受呢？当顾客被销售人员爱答不理的态度所“刺痛”时，或被紧逼的目光而盯得不好意思时，或者千呼万唤不见人时，这样顾客的心里能自在吗？顾客还没买东西，首先被销售人员的招待不周堵了心，当然无心购买产品了。

接待顾客是一门很微妙、很深奥的学问，店面的干净整洁可能打动顾客、导购小姐的热情微笑可能打动顾客……顾客接待工作的对错与否会直接影响到门店的业绩。其实，顾客们花钱购买商品，除了以钱换物之外，还希望得到另一种不花钱的额外商品，那就是营业员的“诚意”。诚意就是对消费者发自内心的尊重。

热情迎客，微笑服务，这样的销售员没有人不喜欢。客户进店后，销售员应以亲切的目光相迎接，欢迎客户的光临。以微笑接待客户，会使客户感到温暖，产生宾至如归的感觉。微笑是打动人心最美好的语言，这就要求销售员在有客户光顾自己的“责任区”时，使客户感受到对他的热情欢迎，并以此使客户对销售员产生良好印象。缺少微笑的销售员，必将缺少客户的光临。不管有没有客户，都不允许销售员坐着、趴着或靠着、倚着。这些休息时的动作，很难给客户留下好的印象。

当有客户过来，销售员应当面带微笑地说一声“欢迎光临！”或“您好！欢迎光临！”在接待客户时，销售员热情总比不热情好，对客户服务不热情，甚至冷言冷语、恶语伤人，会让客户不寒而栗。这就要求销售员在为客户接待并服务的整个过程中，都应表现得礼貌、热情、耐心、得体、周到，使客户的购物达到舒心而愉快的效果。但如果热情过了头，同样也会令人生疑感到不舒服，直接影响客户的购买欲。

当顾客选购商品时，千万记住要给客户创造一个安静的购物空间，要求商家与销售员都要积极致力于将客户在购物过程之中所受到的打扰减少到零。让客户逛得自在、选得自由、买得舒心，购物时得到一种精神上的享受。

当销售员把商品递交客户时，应用双手，并轻拿轻放。万一客户主动动手帮忙，要记得道谢。还要准确无误地解答客户的各种问题。解答要热情，声音要轻柔，答复要具体。解答客户的提问，应面对客户，文明解答。不能低头不理，或者含糊其辞、心不在焉，边回答边干其他事情。要礼貌答对，不能冲撞客户。有些客户挑选商品时会不时发问或者反复问一个问题，有时几位客户会同时发问，让人不知听谁的好，销售员应有充分的耐心，沉得住气，详细地解答。

在接待多位客户时，不要以年龄、性别、服饰、相貌来取人。不管是老人还是孩子，同性或异性，哪怕相貌平平，或者穿着一般，必须一视同仁、平等对待。因为他们都有可能带来潜在的消费群。

热情送客户，俗话说“买卖不成情义在”，无论客户是挑拣半天分文未花，还是高高兴兴地满载而归，都要说一声“欢迎再来”“再见”或“您慢走”。

态度诚恳热情，表达自然亲切，措辞准确得体，语言文雅谦恭，不含糊其辞、吞吞吐吐，不信口开河、出言不逊，这些都是交谈的基本原则与礼节。

出入有礼，举止文明，这是行为上的基本原则与礼节。销售人员到客户办公室或家访，进门时要按门铃或轻声敲门。按铃或敲门的时间不要过长，无人或未经主人允许，不要擅自进入室内。见到客户时，如非事先约定，应向客户表示歉意，然后再说明来意。进入客户办公室或家中，应主动向在场的人都表示问候或点头示意。在客户家中，未经邀请，不能参观住房，即使熟悉的客户，也不要随意翻动室内的书籍、花草、陈设及其他物品。千万不能随地吐痰，吸烟要把烟灰弹入烟灰缸，不用脚蹬踏桌椅沙发，雨雪天进入室内，注意擦鞋底，防止将雨水、雪水、泥巴带入室内。

推销员只有在行为习惯上训练有素，才能为个人形象加分。手忙脚乱、有失礼节，给客户的印象就是不成熟的。销售人员如果希望自己给客户留下美好的形象，就应该经常注意这些细节，做到文雅得体，尽量避免举止失当。

此外，还有一些行为礼仪，如握手、问候等，都需要销售人员逐渐地练习。在与客户握手时，不要久握不放，也不要握得过紧，更要避免的是一边握手一边谈论业务，或者握手时目光移到别处，这都是不尊重客户的表现。销售人员如果在路上或乘车时与熟悉的客户相遇，要主动上前打招呼问候，不能因为要着急约见别的客户而假装没看见，更不能故意视而不见，这些都是不礼貌的。

信誉是销售的灵魂

在销售行业中，有一些销售人员虽然能说善道，但业绩却不佳，其原因就是忘记了诚信的原则。

有的销售人员向顾客推销产品时，对顾客的要求几乎是有求必应。但是，顾客购买了产品之后，销售人员就忘记了自己的承诺。例如，有的老顾客要求销售人员在某一个时候送货上门，销售人员也不考虑自己在那个时间是否有空，就满口答应了。而到时候自己却腾不出来时间甚至干脆就忘干净了。“明天上午10点我去拜访您。”但到了10点，销售人员却毫无踪影。销售人员这种不讲信用的行为会给顾客造成不好的影响，甚至会将销售人员辛辛苦苦建立的好印象一扫而光。

销售员遵守诺言是相当重要的。毕竟技巧和经验能慢慢积累，但一旦失去了信誉，合作的前提条件就没了，自然也就谈不上成功签单了。

一天，李红去了一家饭店想吃酸菜鱼，但是那里的老板却不让她吃。原来那里的老板说她一个人吃不完，起码多带一个人来。后来李红就把同事带上，一起去吃。

那间饭店很小，只能坐十个人左右，已经有五六人在吃东西。坐下一问，想吃酸菜鱼起码要等上半个小时。因为要赶时间，所以这次又吃不了了，李红决定下次一定要来吃上一顿。

过了一个星期，李红与她两个同事一起再去吃酸菜鱼。刚到，那老板骑单车走了，去买配料了，又要等20分钟，因为前面有一个外卖，还有一个顾客在店里等着。最后，李红与同事终于吃到了酸菜鱼。

并不是那里的酸菜鱼特别好吃，只是那里的老板有他非常独特的经营方式。那老板一开始就非常坦诚地告诉李红，她一个人是吃不完的，事实上也确实如此，不是只让她付钱吃就算了，这就引发李红第二次再去吃的念头。第二次老板明确说出了等待的时间，不会浪费时间，是对客户负责任。

即使最专业的销售员也不可能回答客户所有的问题。遇到这种情形，销售员可以直率地说："对不起，我现在还无法回答您，但我回去后会马上查找答案，很快就给您回电话。"这种坦率的回答可以体现出销售员的诚恳。

当推销员不能满足客户的需求时，可以如实地告诉客户："因为暂时没有存货，你要的货可能晚一些时候才能到。"如果产品需要三个月才能到货，而销售员为了能销售此产品拿到订单而谎称四个星期就够了，这种无法兑现的承诺会让客户觉得不可靠和难以信任，而推销员自己也会坐立不安。所以，当推销员有难处时，不妨实话实说，最重要的是，客户们相信销售员说话算数。

讲信用的销售人员能够做到言行一致、表里如一，人们就愿意购买他推销的产品。如果销售人员言行不一，顾客则无法判断他的行为动向。顾客是不愿意和这种销售人员进行交易的，这样的销售人员自然更没有什么魅力而言。守信是取信于人的第一方法。具有魅力的销售人员应该是诚实守信的人、靠得住的人。

答应客户的事情必须做到，如果不能做到的，就不要答应。不管遇到什么样的困难，答应客户的事情都要尽量做到，给自己树立一个值得信任的形象。

制造融洽的销售气氛

在销售员的推销工作中，气氛是相当重要的，它关系到交易的成败。只有当销售员与客户之间感情融洽时，才可以在和谐的洽谈气氛中销售商品。

融洽的气氛包括很多因素，比如时间、地点、环境等。但最重要的一点是，销售员应当处处为客户着想。

年轻气盛没有经验的销售员在向客户销售产品时，往往不愿倾听客户的意见，自以为是，不断地同客户争论，这种争论往往又发展成为争吵，因而妨碍了销售员的进展。要知道，在争吵中击败客户的销售员往往会失去达成交易的机会。销售员不是靠同客户争论来赢得客户。同时，销售员也知道，客户要是在争论中输给销售员，就没有兴趣购买其销售的产品了。

没有人喜欢那些自以为是的人，更不会喜欢那些自以为是的销售员。客户对那些自作聪明者的不友好的建议很反感，即使是友好的建议，只要它不符合客户的愿望，有时客户同样也会感到很反感。有些销售员总是愿意同客户进行激烈的争论，他们可能忘记了这样一条规则：当某一个人不愿意被别人说服的时候，任何人也说服不了他，更何况是要他掏腰包。

要改变客户的某些看法，销售员首先必须使客户意识到改变看法的必要性，让客户知道你是在为他着想，为他的利益考虑。改变客户的看法，要通过间接的方法，而不应该直接地影响客户。要使客户觉得是他们自己在改变自己的看法，而不是其他人或外部因素强迫他们改变看法。销售员一旦发现自己的看法和客户的看法发生冲突，就要格外小心。在销售洽谈开始的时候，要避免讨论那些存在意见分歧的问题，着重强调双方看法一致的问题。要尽量缩小双方存在的意见分歧，让客户意识到你同意他的看法，理解他提出的观点。这样，洽谈的双方才会有共同的话题，洽谈的气氛才会融洽。

洽谈双方意见分歧的起因，往往在于销售员对他的产品做了言过其实的宣传和夸张。解决这一问题的办法很简单，销售员不应自以为是、夸夸其谈，而要采取提问的方法，主动征求客户的意见和看法。一味坚持自己的看法肯定会招致客户的反对，而采取提问的方式则可以避免这种情况的出现。比如，一个销售档案设备的销售员向客户问道："如果事实证明，通过改进你们的档案设备，一周之内可以节省好几个小时的工作，您对此有兴趣吗？您想听听有关这方面的详情吗？"像这样的提问方法肯定有助于改善洽谈气氛，推动业务洽谈的顺利进行。只有这样提问，客户才会心平气和地考虑你的看法，不至于把客户激怒。即使客户没有做出肯定回答，销售员也不会丧失销售机会。

应当尽量赞同客户的看法。因为你越同意客户的看法，他对你的印象就越深，销售洽谈的气氛就对你越有利。如果你为客户着想，客户也就能比较容易接受你的建议。有时候必要的妥协有助于彼此互相迁就，有助于加强双方的联系。销售员不应过多地考虑个人的声誉问题，一个过分担心自己的声誉受到损害的销售员很快就不得不担心他的销售。不要刺激客户反对你提出的看法，这是愚蠢的做法；不要教育和改造客户，即使在一些似乎必要的情况下，也不要对客户这样，客户是不会任凭别人教育或改造的。

不要弄错了购买决策者

在销售中，要想成功达成交易，很重要的一点就是找到真正的购买决策者。在你推销商品时，常常有这样的情况：一个家庭或一群同伴一起来跟你谈生意，这时你必须先准确无误地判断出其中的哪位对这笔生意具有决定权，这对生意能否成交具有很重要的意义。如果你找对了人，将会给你的生意带来很大的便利，也可让你有针对性地与他进行交谈，抓住他某些方面的特点，把你的商品介绍给他，让他觉得你说的正是他想要的商品的特点。那么，在结伴购物的情况下，该怎么来判断谁是决策者呢?

1. 朋友或同事购物

如果结伴同来的若干客户的关系是朋友或是同事的话，那么你可以通过“二看”来判断谁是决策者。

一看：亲密程度有多高

亲密的好友拥有决策权。如果不是亲密的朋友，那么直接购买者会拥有更多的决策权，陪伴而来的人可能只是一个意见参考者。但如果是亲密的朋友，很多时候就不会避讳什么，直接给购买者出意见，影响其购买决策甚至直接决定是否购买。因此，判断亲密程度很重要。我们可以根据两人的距离、说话的亲密程度以及肢体语言进行判断。

二看：中心位置错不了

两人行，在边为尊；三人或三人以上平行，注意中间。如果一时很难判定亲密程度的话，那么可以使用另一种方法，就是观察中心位置。根据心理学家的分析，在群体同行时，人们往往会无意识地把圈内有影响力的人放在固定的位置。两人行走时，有90%以上的是具有影响力的人走左边；而三人平行走时，中间则是较为重要的人物；如果三人不平行走，那么走在后面的，一般是中心人物。只要注意了这些细节，我们就可以找到真正的决策者。

2. 情侣购物

如果前来购物的是一对情侣，那么一个简单的方法可能会帮你判断谁是决策者。

由于男性的社会地位和所扮演的角色，很多人都会以为男性在购物时拥有决策权，但事实上并非如此。一般来说，男性是烟、酒、茶、大件商品及耐用消费品的重要购买者，而女性则是化妆品、服装等日用品的主力消费者。一对情侣中谁具有决策权的判断依据，应以你所在柜台销售的产品为准。如果你所在的柜台是销售家具、电器的，那么你在推销时就应该以女性消费者为目标对象。

3. 家庭购物

家庭集体购物的情况比较常见，对于一家子来购物的情况，如果当中有年长者，那么这位年长者会有一定的决策权；如果是一家人带着一个小孩子来购物，那么我们首先要注意观察和判断小孩的年龄。为什么呢？通常，3~6岁的幼儿容易受到外界感染而一时冲动，为购买喜爱的东西往往表现得情绪波动很大，但经常因新的诱惑，很快产生新的购买兴趣。因此，当家长带着这样的孩子进入我们的柜台时，孩子往往不能决定是否购买，父母是购买的决策者，但是孩子仍有一定的影响力。

而如果家庭成员中有一位是青少年，那么就一定要重视他说的话。这个年龄段的青少年开始具有成人感受，开始要求独立处理生活，但是由于缺乏经验，常常提出片面的见解，也很容易与父母发生矛盾。因此，在决策时通常会有两种情况发生：一种是父母说了算，父母决策；另一种是父母孩子共同协商，共同决策。这就要求我们在销售中，不但要注意观察孩子的年龄，还要根据“二看”中的第二看，注意分析他们之间的关系是亲密的还是有些对立，父母对孩子是民主的还是比较专制。这样才能判断出谁是真正的决策者。

把顾客的同伴拉拢为自己人

在销售过程中，客户的陪伴人是不能忽视的力量。往往有的时候，客户没有主见，犹豫不决，而身边的陪伴却起了“参谋”作用，为客户出谋划策、提供意见，甚至帮助下决定购买。客户一般对销售人员的推荐不加理睬，却极其信赖陪伴人的眼光，因此，销售人员有必要和客户的陪伴人处理好关系。

销售人员在处理购物者的陪伴人的意见时，不能对顾客片面强调商品特点，或者一味迎合顾客身边陪伴人的观点，而应该具体问题具体分析。聪明的销售人员都会借助客户陪伴人的力量来促使成交，发挥购物者的陪伴人的积极作用，减少其对销售过程的消极影响。

顾客及其陪伴人一同进店，销售人员首先应通过其相互之间的亲密程度及购买知识的专业度来判断谁是顾客，谁是陪同人；其次要判断陪伴购买者中谁是第一影响者，也就是有购买决策力的人。因为顾客如果要采取购买行为必定会征求第一影响者的意见，而第一影响者也会对顾客及其他影响者产生极大的影响力。

面对顾客不同的陪同人员，你可以用不同的策略。

跟来的顾客：他是跟着想买商品的顾客同来的，本人并无购买商品的愿望，但售货员如亲切地接待他，他可能也要买点什么，或者成为下次购买的顾客。“您看这个怎么样呢？”售货员可以面向跟着来的顾客这样征求意见。

中年的伴侣顾客：主要是男主顾的发言对购买商品作用较大。“您的意见呢？”售货员可以较多地面向男顾客征求意见。

年轻的伴侣顾客：往往是女性顾客的发言作用较大。售货员应较多地拿着商品面向女顾客，请其挑选商品为好。

带孩子的顾客：可以俯下身子或蹲下来向那个小顾客征求意见说：“你看哪个好啊？”

和男顾客同来的女顾客：要特别注意创造条件多让顾客发表意见为好。

销售人员不要眼中只有购买者，而漠视陪伴人的存在。购买者的陪伴人虽然不具有购买决定权，但具有购买否决权，其语言对顾客的影响是非常大的。

销售人员在说话的时候与陪伴人做更多的眼神交流，让陪伴人感受到尊重与重视。在一些不重要的问题上销售人员不妨征求陪伴人的看法，整个面谈中70%的时间放在顾客身上，25%的时间就可以放在顾客的陪伴人身上。总之，要让顾客的陪伴人感受到你的诚意、尊重和重视。

如果销售人员在销售前期处理好与顾客陪伴人的关系，就为销售后期可能出现的陪伴人的消极影响打了一剂预防针。

有的顾客陪伴人可能会给顾客推荐商品，顾客觉得满意并且认为确实也不错，这时你可以给顾客施加一些压力，比如可以这样说："小姐，你的朋友对你真了解，她给你推荐的这款商品确实非常适合你。"这种说法会给顾客压力，同时让陪伴人与你站在一起。

如果顾客自己挑选的商品，陪伴人也表现得很喜欢，此时你可以对陪伴人施加压力，比如这样说："先生，你的朋友应该很喜欢这套家具。"如果顾客喜欢，加上你与陪伴人关系沟通得很好，此时顾客就会给陪伴人一个面子，所以这也相当于给顾客本身制造心理压力。

下面这个故事相信对你有所启示。

美国顶尖保险业务员法卡萨达，经常会碰到顾客说："我有个好朋友也是卖保险的，我可以向他购买。"

法卡萨达说："是的，您的想法我很认同，因为跟认识的人买东西心里会有种安全感。没有人喜欢和陌生人打交道。但是，先生，您一定也非常赞同，任何一个认识的人都是从不认识开始的。假如今天认识了我这样一位朋友，您是不是多了一种选择，选择越多对您越有利，您说是吗？"

法卡萨达继续说："和熟人做生意，有时会因为某些质量问题或是服务问题有些抱怨反而不好意思说，把不愉快窝在心里，您也觉得难受。"

"假设您必须进行心脏手术，您会找最好的心脏外科医生主刀，还是因为有亲朋好友是医生，就把这个业务给他们？"

顾客说："找最好的心脏外科医生。"

法卡萨达说："买保险也是同样的道理，您需要一位能彻底解决保险问题的专家，而不是一位您认识的人。"

顾客说："你说得不错，可是在我朋友那儿买保险会便宜很多。"

法卡萨达说："那么请问您开哪一种汽车？您为什么不买较便宜的汽车？"

顾客说："因为这种车稳定性好、安全，而且是品牌车，开着这种车能体现自己的身份和价值。"

法卡萨达说："这正是我要向您卖保险的原因。您的需求正是我们要做到，而且能够做到的。"

顾客心悦诚服，决定购买。

购物者的陪同人既可以成为成功销售的敌人，也可以成为成功销售的朋友，关键看销售人员如何借用购物者的陪伴人的力量。

不断加强客户的购买决心

很多时候，客户其实已经有了很强的购买意愿，只是在价格上还有一点犹豫，在这样的时刻，销售员应该努力加强客户的购买决心，而不是转移注意力做其他的事情，转移注意力的结果会导致客户离去，一笔有可能成交的买卖就此作罢。

越是接近最后的成交时段，销售员越应该小心应对，特别是当客户表现出购买意愿时，销售员应该做的就是不断加强客户的这种决心，及早敲定买卖。这时候如果放松了节奏或者转移了注意力，那么客户也可能会改变主意，之前的一切努力就都白费了。

据有关资料的统计，在即将达成交易的销售沟通过程中，如果双方都没有主动提出达成交易，结局往往是60%的沟通最终会以没有达成交易而告终。因此，销售员如果不适时加强客户的购买决心，那就会失去很多成交机会。

即使在客户的购买意向很强烈的时候，他们也可能需要销售员的一点催促帮助他们下最后的决心。因此，销售员除了确定购买讯息之外，还要掌握一定的方式和方法促进交易的达成。

1. 假定客户已经同意购买

这是在不管成交与否的条件下，对方仍稍有疑问时或犹豫不决拿不定主意时，你便以对方当然会购买的说法迫使她交易的方法。

①直接促成法

“我帮你把这支洗面奶包起来，好吗？”

②二选一

“我们看了这两种洗面奶，您看要这一支还是要另外一支？”

③开单据法

“这是单据，一共78元。”

以上这些方式，其实就是推动客户下决心购买。但如果没有这种推力，她也许决定要下得慢一点，或者根本不想买。

2. 帮助客户挑选

购物时，一些客户即使有意购买，也不喜欢迅速购买，她总要东挑西拣，在产品的颜色、味道、包装、规格上不停地打转，下不了决心，这时，就要改变策略，暂不谈购买的问题，转而热情地帮对方挑颜色、味道、包装、规格等，一旦上述问题解决，你就成功地促成了这笔生意。

3. 利用“怕买不到”的心理

人们对越是得不到、买不到的东西，越想得到它、买到它。我们可以利用这种“怕买不到”的心理，来促成订单。比如，销售员可以告诉客户说：“今天是我们的促销期，过了这个促销期就没有折扣了。”“这种皮鞋库存就剩一双黑色的，如果您要购买就得尽快！”

4. 强化客户特别满意的产品优势

在达成交易的关键时刻，客户尤其需要销售员的支持和协助。这时，如果销售员能把客户先前特别满意的产品优势加以强化，那么客户的购买决心会更加坚定。记住：此时销售员不要再在解释产品缺点上浪费口舌，而要集中力量强化产品优势，尤其是那些客户一直都比较关注的优势。例如：

“您买货可是行家，这双鞋是整牛皮的……”

“您的眼光真是独到，这种产品除了具有制造技术和质量水平的优势之外，还可以使您的室内设计凸显出十分尊贵的气派……”

5. 先买一点试用看看

如果客人想在你的小店买产品，可又有一点下不了决心，这时你可建议对方先买一点试用看看。只要你对你们的治疗或产品有信心，而且对方试用满意之后，就可能会继续消费。

6. 快刀斩乱麻法

在尝试几种技巧都不能打动对方时，你不妨使出杀手锏，快刀斩乱麻，直接要求客人购买，这种方式多用在犹豫不决的客人身上。

例如：“给您介绍了半天，不用犹豫了，拿一支回去用，我的介绍是不会错的。”

7. 试探成交法

越是到接近成交的关键时刻，销售员越要注意自己的言辞和态度，最好采用客户比较容易接受的询问方式来创造成交机会。例如：

“您准备现在就要，还是我明天给您送到家里？”

“我先给您包好吧，您喜欢哪种包装？”

“您愿意一次集中交货还是两次交货？”

“您先在这里看看杂志好吗？我去帮您到库房拿货。”

在向客户提出询问的时候，销售员一定要注意恰当的态度和语气，要尽可能地让客户感到放松和愉快。

8. 优待法

此法是通过给予特殊优惠的方法来完成交易，是不得已而为之的，对节俭型客户或爱占便宜的客户，这种方法是很好的。比如你可以说："这样好不好，如果您今天购买，就会送您一样小礼物，以示感谢。"

用优待法要注意尺度，不要随便给折扣，如果太随便的话，客户就会得寸进尺。

9. 情景描述法

我们也可采用情景描述法来促成销售，即通过语言在客户脑海中形成一幅图案，使她感受到用后的效果。

总之，不要埋头于产品介绍，要边介绍边观察客户的表现，一旦发现购买讯息，就要马上采取合适的方式向客户提出达成交易。客户需要销售员帮助他们坚定购买决心，这时你可以一边拿出订单一边向他们展示购买产品后的种种好处。

准确捕捉客户购买信号

当客户对产品感到满意，并产生购买欲望时，往往会不自觉地释放出一些信号，尽管购买信号并不必然会导致购买行为，但是销售员可以把购买信号的出现，当作促使购买协议达成的有利时机。

销售中，一些客户可能会明确地向你表示，他会购买产品，比如说"我就买这个"，这就说明你的说服工作已获得成功，这一阶段也宣告结束了。但是是不是每个客户都会主动提出他要购买呢？当然不是。很多客户虽然已经决定购买，但是他们并不会表达出来。所以"我要购买""我买了"这些话不能作为说服阶段结束的唯一标志。其实一些其他的信号，同样可以判断客户已经下定决心购买了。在把握客户发出的成交信号时，你要坚持“宁可信其有，不可信其无”的基本原则，即在无法确信客户的某些表现是否表明有意成交时，你也要抓住这样的信号不断深究，而不要轻易地将其忽略过去。

一般来说，有经验的销售员可以从客户的某些行为和举动方面的变化有效地识别成交信号，而这种能力的获得需要销售员多观察、多努力、多询问。

那么，比较明确的信号有哪些呢？

1. 表情信号

表情信号是指从客户的面部表情和体态中所表现出来的一种成交信号，如在洽谈中面带微笑、下意识地点头表示同意你的意见、对产品的不足表现出包容和理解的神情、对销售员推介的商品表示兴趣和关注等。

以下几种情况都属于成交的表情信号：

（1）目光在产品上逗留的时间增长，眼睛发光，神采奕奕。俗话说，眼睛是心灵的窗户。观察客户眼睛、目光的微妙变化可以洞察先机。

（2）客户由咬牙变成表情明朗、放松、活泼、友好。

（3）表情由冷漠、怀疑、拒绝变为热情、亲切、轻松自然。

（4）客户神态轻松，态度友好。

2. 语言信号

语言信号是指客户通过询问价格、使用方法、保养方法、使用注意事项、售后服务、交货期、交货手续、支付方式、新旧产品比较、竞争对手的产品及交货条件、市场评价、说出“喜欢”和“的确能解决我这个困扰”等表露出来的成交信号。

以下几种情况都属于成交的语言信号：

（1）客户对产品或服务给予一定的肯定或称赞。

（2）征求别人的意见或者看法。

（3）询问交易方式、交货时间和付款条件。

（4）详细了解产品或服务的具体情况，包括产品或服务的特点、使用方法、价格等。

（5）提出意见，挑剔产品。俗话说，“挑剔是买家”。当客户提出异议或对产品评头论足，甚至表现出诸多不满时，有可能是产生购买的欲望，在尽可能地为自己争取利益。

（6）褒奖其他品牌。其实和上边的道理一样，客户是在为自己争取好的谈判地位，以便在下一步的购买中得到更多的“便宜”。

（7）问有无促销或促销的截止期限。客户总是想买到价廉物美的产品。能少掏点就少掏点，毕竟掏腰包对客户是最痛苦的过程，能有优惠、打折、赠品的促销活动消费者是绝对不会放过的。

（8）问团购是否可以优惠。这也是客户在变相地探明厂家的价格底线。

（9）声称认识公司的某某人，或者是某某熟人介绍的。

（10）了解售后服务事项。

语言信号种类很多，销售员必须具体情况具体分析，准确捕捉语言信号，顺利促成交易。

3. 行为信号

由于人们经常会有意无意地从动作行为上透露出一些对成交比较有价值的信息，当有以下信号发生的时候，销售员要立即抓住良机，勇敢、果断地去试探、引导客户签单：

（1）反复阅读文件和说明书。

（2）认真观看有关的视听资料，并点头称是。

（3）查看、询问合同条款。

（4）要求销售员展示样品，并亲手触摸、试用产品。

销售员要随时做好准备接受客户发出的成交信号，千万不要在客户已经做好成交准备的时候你却对客户发出的信号无动于衷。要准确识别客户发出的成交信号，无论是识别错误还是忽视这些信号，对我们来说都是一种损失，对客户来说也是一种时间和精力上的浪费。

让满意的客户介绍新客户

让客户满意就是一种永久的广告，不但客户自己会再来光顾，还会把他的朋友、亲人带来，使销售人员的产品和人品被更多的人所接受和宣传。

比如下面这个小故事：

销售人员：“夫人，我也十分喜欢这枚胸针。胸针上的这颗钻石出自南非最大的钻石矿，这是我们店里最好的钻石，希望您喜欢。”

顾客：“我一开始还担心那颗钻石是不是真值那么多钱，听你这么一说就放心了。”

销售人员：“感谢您，夫人，希望您能再次光顾！”

顾客：“小伙子，你的服务真让我满意，这次我把我的朋友也带来了。”

销售人员：“谢谢夫人，我又多结识了一个新朋友。”

有些销售人员每天都忙于开发新客户，但业绩却不见好转；一些销售人员并没有那样“勤劳”地开发新客户，却好像有做不完的生意。这是因为一般的销售人员忽略了回头客。回头客已购买过销售的商品，并且与销售人员建立了信任和友好的关系，所以，销售人员不一定要去开发新客户，做好回头客的生意，也是一种有效的办法。

某品牌店的一个销售人员曾这样记录了他的服务心得：当每位顾客跨进门店的那一步，我都要仔细打量他，记住他的长相或他的特点。在顾客下次再来时，我会认出他，甚至在某天他路过我们店时，一定对他点头笑着说："您好！"而顾客也会很自然地点头回应。当他第三次来时，我会像朋友一样与他交谈，并让顾客记住我。当他第四次来时，我会很热情地以"美女、帅哥、阿姨……"等很亲近的称呼与其打招呼，让顾客感觉到我是值得信任的，与他聊聊家常，并想尽一切办法让顾客能在店内多留一会儿，增加购买机会。

开拓潜在客户其实远远没有你想象的那么困难，你现有的客户群就可以好好利用。

注意分析一下你收集来的客户资料，你将不难发现，在现有客户群中，还隐藏着很多潜在客户，存在很大的客户市场，等待你去开拓！而开拓的最佳办法就是转介绍，也就是让客户不断帮你介绍新的客户。

通过转介绍，可减少初次拜访的陌生感，同时又有介绍者的认可，更具说服力，较易赢得潜在客户的认可，促成签单。于是，你的客户群就像滚雪球一样，越滚越大！

你要向客户提出请求，并解释什么是转介绍。只有得到客户的认可，客户才会把朋友的近况及家庭情况告诉你，从而获得潜在客户的详细资料。在经营客户时，一定要重信誉、讲信用，以实际行动赢得客户的信任，客户才乐意做转介绍。只有以真诚的服务打动客户的心，才会获得客户的认可，客户才会放心地把这种服务介绍给朋友，并自愿向你反馈朋友的信息。

当你获得客户的认可后，他会主动把一些潜在客户的详细资料提供给你。你在收集这些资料时，主要应掌握潜在客户的姓名、年龄、家庭及单位地址和电话号码，教育背景及未来计划，目前收入和将来可能的最高收入。同时还应获知潜在客户的兴趣，掌握潜在客户的情感与性格，为拜访奠定基础。

这样，你就对潜在客户有了大致的了解和认识，轻松掌握了潜在客户的生活详情，再有计划性地为潜在客户做准备，对症下药，整理出购买计划，将更具说服力。

根据自己掌握的资料，认真对潜在客户进行筛选，选择最具有可能性和最具有购买实力的潜在客户，锁定主攻对象。锁定潜在客户后，选择恰当的拜访时间、拜访方式、拜访话题，精心为潜在客户设计购买计划。

虽然是初次拜访，但对客户资料了如指掌，如吃了定心丸，介绍更得心应手，句句都能说到潜在客户的心坎上。再则是经朋友介绍来的，潜在客户不会拒你于千里之外，更不会为难你，甚至还会产生一种亲切感、信任感。可以借助自己以往为客户提供的服务，用事实证明自己的信誉与能力。如此双管齐下，作用更为明显，相信会事半功倍。潜在客户也会打心里接受你的观点，成为你的客户，最后促成签单。

在拓展新客户的同时，不要冷落了回头客，这就需要销售人员要与回头客建立良好长久的关系。要做到这一点，可以从下面几点入手。

1. 挖掘回头客新契机

人们都喜欢购买新商品，你的热心会带动购买欲，勾起回头客对新商品的期待。

2. 向回头客推荐销售附加商品或服务

你们公司也许销售各种不同的商品且提供不同的服务，但是客户很少会对你所从事的行业有全盘的了解。有时客户会说：“哦，我不知道你也有那种东西。”客户这么说，是销售人员的失职。

3. 与回头客一起用餐

如果你能把客户带离办公的环境，你就能发掘更多的销售机会（并请他带一位要转介绍给你的人一起前来）。

4. 让回头客帮助介绍新客户

不管你的销售是否成功，你必须继续与回头客培养关系，做好亲善工作，不要与回头客失去联络。有时候，三个月以上不与一位回头客联系，就有可能失去这位客户。

5. 回报回头客

采取顾客分级的方式，对忠诚度越高的顾客做越多的投资，让他们享受特殊的优惠和更多的好处。比如，许多商家发行自己的VIP卡，用于奖励自己的常购顾客，顾客在持卡购物的时候就可以获得一般消费群体所不具备的优惠。对于具体的产品而言，则通常会使用下一次消费的折扣券或者累积购买的特殊奖励来达到奖励客户的目的。

第七章

玩转就能业绩翻番的 6 个网络营销细节

互联网时代到来了，你的业绩是变好了还是变坏了呢？网络营销贯穿于企业开展网上经营的整个过程。每一位不重视、不使用网络销售的营销人员，都将被时代淘汰，企业管理者更要重视起来。与传统线下营销相比，营销发生了翻天覆地的变化，销售者首先要接受新变化，寻找新机遇。我们要用深入浅出的方法把企业的精髓呈现在人们面前，从而起到引导消费思维的潜在作用，最终实现销售的目标，创造新辉煌。

口碑时代，产品质量为王

好产品自己会说话，产品给力，才能不断积累起品牌势能，你的包装、你的海报、你的营销、你的推广，都是跟在产品这个“1”后面的“0”。如果没有好产品，一切都会变得没有意义。

那些风云企业的CEO们，哪个不是亲自在抓产品？乔布斯从创办苹果之始，就亲自举办产品发布会；谷歌的创始人一直在研发最新产品的“X实验室”；比尔·盖茨就是编程起家的，辞掉CEO后，还在兼任CTO；中国的IT精英们，多数是搞技术出身，关注点也在产品。这些企业的崛起，不是营销的成功，而是产品的成功。

一家2012年成立的网上零食销售公司，如何在“双十一”做到日销3 562万的销售额？三只松鼠的CEO章燎原在脑联社分享过他做三只松鼠的五大秘诀，其中一条就是产品要好。

在他看来，在互联网上卖东西，首先产品要好，如果产品不好，就不要做互联网了，因为顾客很快会反馈出来。过去人们在超市买个东西如果不好，一时之间也没有办法去告诉别人。但是在互联网上，如果一个人买的东西不好，他可以马上评价出来。如果你的产品信息评价栏下，全是这个不好那个不好的信息，你的产品还能卖吗？所以产品好是标配，是基础。现在超市那些坚果，如果放到互联网上去卖要给骂死。有些线下好一点的企业，在天猫的评分却比较低，这证明它们在互联网上根本不受欢迎。

那么，到底该如何做呢？

1.老板要亲自抓产品，这是新兴企业的共同特点。史玉柱说，老板关注什么，资源就向什么领域集中。老板抓什么，什么就是企业的战略。

抓产品就是抓消费者，抓产品就是抓营销，而且是抓营销的前半段。抓好了产品，就能大大减少营销的投入。抓产品就是抓所有工作的源头。

2.企业要养“技术疯子”。企业需要修复性的产品研发，更需要颠覆性的产品研发。产品研发要讲规矩，更需要打破规矩的“疯子”。产品研发不仅需要“想得到”，更需要“想不到”。

3.产品开发的灵魂人物是“技术与社会学”双栖人员。技术人员苦于消费者需要什么，市场人员苦于不知道技术能做成什么。消费者的需求，确实很容易集中在“更快的马车”的思考方向。那么，怎么发现消费者“只可意会，不可言传”的潜在需求呢?这就需要既懂技术，又懂市场的人。乔布斯虽然不是技术专家，但他能洞悉消费者的需要，并不断向技术人员提出一个个看似不可能实现的任务，从而带动苹果的创新。

众所周知，腾讯的马化腾，经常半夜拉起微信群，挑出不同产品的各个毛病。这种站在产品角度明确指出体验感有缺失的问题，比吆五喝六的强势管理更为有用，因为这样更能让团队心服口服。比如在非常火爆的微信游戏刚刚发布后，他在香港发现了功能问题，甚至半夜三点也赶紧招来团队即刻修复。

商业大咖史玉柱先生，更是通过晚上几个小时的游戏体验，发现产品的不足，然后马上找来策划团队积极响应。

再看腾讯QQ空间的另一个例子，QQ空间在2013年推出了一个非常有特色的功能——水印相机，即用户可以在拍照分享前，在照片上加上优美的文字来表达当时的想法。这个绝妙的点子，来源于腾讯一名普通的研发工程师，而这个功能，当年在腾讯内部也被评为创新大奖。

马化腾认为，当前整个PC互联网入口是由少数几个互联网公司（包括搜索引擎，或者客户端工具）的流量入口来牢牢把控用户的目光的，可以说是比较寡头的失败。但是，在移动互联网APP store产品体系中，我们看到了百花齐放的“盛况”，很多小的甚至只有一个人的公司的产品，都有可能在一夜之间爆红。

在马化腾看来，这种模式其实是一种新的形态，但是同时也体现了用户对产品质量的要求越来越高，因为用户虽然安装了这个APP，但很可能用了不到十秒钟，没弄明白怎么回事，觉得不好用，就把它抛弃了。反之，如果在一分钟之内，他觉得对他的生活、效率、时间、咨询、娱乐等方面都很有价值，就会迅速告诉身边的朋友，甚至通过移动社交网络发布出去。至此，这个APP很有可能在APP store的排名瞬间快速增长，继而引发大量下载。

现在很多APP突然火爆，热度也就是三天到一个星期，而它的生存期也就是一个月左右。一个月后如果不行了，这时候再按照老思路做，肯定是死路一条。只有想出新的创新路子，才有可能成功。所以说，“产品为王”的年代即将来临。

给你的产品赋予一点个性

有个性的产品才会有人喜欢，所以产品需要赋予一定的虚拟价值。观察一流企业的产品，不难发现这几乎是一致的“秘密”。

意大利著名时装设计师戴尼斯（Dennis）强调：“唯有产品个性是品牌差异化的核心表现”。他为FORESUN品牌设计了160件时装，都是秉持这样的理念设计的。

FORESUN来自英国，受军队户外生存的历史文化影响，它锻造了自身户外探索的设计风格，它让现代生活注入了别样乐趣与探险精神。FORESUN不仅满足户外探险者着衣的功能性和实用性需求，更贴近男士们对军人情结、沧桑粗犷个性的认知价值。本着对独有性格的坚持，FORESUN让户外休闲在生活中蔓延，从而塑造具有军装性格和探索精神的户外生活休闲装。

因此，FORESUN产品设计中融有欧洲军装的功能性和结构感，这足以满足在户外活动时的实用需求。尤其在专业品类中，注重对防风、防雨、保暖、耐磨、轻便等细节上的关注，充分考虑了人的皮肤伸展率及人体关键活动部位的空间合理率，提升了衣着的舒适度与合体性。

另外，在户外品类中，FORESUN更倾向生活，讲究款式的时尚度与男人气度的结合，使着装更易搭配，而面料部分，则强调柔和性，且不乏糅合小功能的细节设计，如对电子产品的装载口袋设计、肩章设计、立体兜以及束腰效果设计等。

FORESUN在时装设计的文化基调上面，引进了功能性面料创新及面料搭配、宽松及可调节腰身的版型设计、多口袋款式设计、军事感色调、加强坚固功能的工艺设计；而在基因文化上面，它引用了变异国旗、F图形识别、F暗格纹、F徽章以及独特的迷彩、密码、地标图形等纹样。目前在中国市场终端店已提升至150家，成为兼具军服魅力和领先时尚的军旅休闲品牌。

近年来，随着消费者的时尚需求越来越高，品牌个性和品牌价值观越来越需要通过个性、形象化的传达，这一点日益重要。从消费者的认知来讲，有这么几个纬度，包括知名度、认知度、理解度、美誉度、偏好度、忠诚度等需要衡量。凡是让目标消费者甚至公众反感的品牌，必然不会受到推崇。因此，如何改善品牌与消费者的关系，是很多品牌需要关注的问题。

如果产品没有个性，只是企业内部策划会议上的自说自话，这样的产品是不会有忠诚客户群的。国内企业接触品牌比较晚，很多企业不明白、不理解品牌到底是什么，也分不清品牌和产品的区别在哪里。如果同时存在着几十个甚至上百个企业向消费者提供同一种产品或服务，其中能勉强称得上品牌的屈指可数。企业以为自己跟别人一样是在做品牌，其实他们一直努力培植并坚信和依赖的营销力量，只是“产品”两个字。

没有被消费者深入理解的产品品牌，是很难真正进入消费者的内心世界的。产品深入人心，指的就是消费者深刻理解并认同了企业的价值观，从而在内心深处对品牌产生了情感共鸣，将产品文化内化成了自己情感世界的一部分。没有真正的理解，就不可能有真正的美誉，更不会有真正的偏好和忠诚。

就像手机的品牌定位，各个厂商一直在试图将自身的品牌形象刻画到消费者头脑中，比如商务手机、音乐手机、女性手机等，而小米却跳出了这个圈子，直接将其定位成“发烧友手机”，这个超越了性别、年龄、地域、阶层的定位，反而深得人心。除了创始人雷军是手机发烧友、小米手机可以随意去刷ROM满足发烧友的高级需求以外，这个“发烧友手机”的个性定位也捧火了小米手机。

发烧友，这可以让他在朋友、同学、家人中彰显出他的个性，我们可以想象这样一个用户画面：一个在城市中为了生存忙碌工作的小白领，闲暇时拿出自己的小米手机，发现里面的若干功能既有趣又实用，不由得让他欢喜雀跃，这一瞬间，高昂的生存成本已经被暂时放在脑后，让他得到间隙的欢愉。

这是一个个性化的时代，个性化的消费主张不仅可以在互联网上彰显出来，更可以得到尊重。

只有个性化的产品文化才能印刻在用户心中，也只有这样的产品文化才能发挥感动营销的特长，而感动营销是一种全方位的沟通和传播战略。

被Facebook以10亿美元收购的Instagram、被华尔街给予数十亿美元估值的Pinterest，以及迅速蹿红的画画猜词游戏Draw Something都具有弱功能、强体验的特征。这里的关键词是“体验”，最核心的要素就是个性化。只有满足了用户的个性化需求，才能为用户创造出深刻而独特的体验。

互联网行业正在迎来一场大变革——随着移动互联网的崛起，互联网的整体普及速度大大加快，整个互联网正在从工具属性转向个性化，从理性转向感性，产品之间的竞争也正从功能比拼转向看谁能帮助用户创造最好、最个性化的体验。正是在这样的产业大势之下，各大公司开始自觉或者不自觉地加入到个性化市场的争夺中来，个性化、审美体验等目前看来相对次要的因素，将成为改变未来互联网格局的重要力量。

我们正要进入一个快速消费时代，人人都是消费者，人人也都是设计师、创意师、裁缝、销售员等各种各样的身份。大家越来越追求个性化，越来越追求自己的消费主张，这是一个新的改变，迫使商家要想在竞争中取胜，则一定要照顾到消费者的个性需求。因此，这也可以说是一个拥抱消费者的时代。

快速迭代以迎合消费者需求

互联网时代讲究的就是一个“快”字，任何时候都要把这个“快”字体现出来，而这个“快”字指的就是快速迭代，而快速迭代的做法主要是由互联网时代的特性决定的。在以往，传统企业最常做的事情是首先对产品不断完善，等到产品完美了再投向市场。但是，在互联网时代，还有另外一种可能，就是快速迭代——尽快把产品投向市场，然后通过用户的广泛参与，不断修改产品，通过这种方式让产品更加完美。

2000年，百度完成了第一版的搜索引擎，功能已经很强大，超过市面上的其他搜索服务。但是从纯技术的角度来看，第一版搜索程序或许还存在一些提升的空间。开发人员秉承软件工程师一贯的严谨作风，对把这版搜索引擎推向市场有些犹豫，总是想做得再完善一点儿，然后再推出产品。

当时，对是否立刻将这款并不完美的产品推向市场，百度的几位创始人也是仁者见仁，智者见智，大家的意见并不统一。最后，还是李彦宏下的决心："你怎么知道如何把这个产品设计得最好呢？只有让用户尽快去用它。既然大家对这版产品有信心，在基本的产品功能上我们有竞争优势，就应该抓住时机尽快将产品推向市场，真正完善它的人将是用户。他们会告诉你喜欢哪里，不喜欢哪里，知道了他们的想法，我们就迅速改，改了一百次之后，肯定就是一个非常好的产品了。"李彦宏还说，"所以，这个过程中不怕错走弯路，但重要的是快速迭代，早一天面对用户就意味着离正确的结果更近一步。"

就这样，百度的搜索引擎功能上线了。上线后，果然受到用户的普遍欢迎。当然，这也离不开后台的有效观察，通过分析上百万用户的使用习惯和应用方式，百度更加明确了用户的使用需求，从而进一步调整了改进的方向。根据用户的体验建议，百度技术部们集中力量进行了一轮又一轮的攻关改进，短短一周的时间，这项功能已经进行了上百次更新，从此以后，这种优化便延续下来，直至今日。

对于销售者来说，最重要的是销售自己的产品，而要达到这样的目的，关键是做到不断刺激消费者的购买欲，产品的不断更新换代足以最大限度地刺激消费者的购买欲。对于企业来说，最重要的是保持自身的活跃性。而要体现自身的活跃性，就要不断推出新产品，以此来满足用户的需求。

一成不变的产品是很难吸引消费者的，或者说很难激起消费者新的购买兴趣，因为一成不变的产品只会给人带来视觉疲劳。而唯有不断推出新产品，才能给消费者带来新奇的感觉，进而激发他们的新的购买欲。要做到这一点，就需要不断改进产品、完善产品，以满足消费者不断增长的消费需求，如此，销售新产品才会成为一种可能。

在现代这个日新月异讲求高效率的时代，销售者要想在产品的快速迭代上下功夫，需要从以下两个方面努力：

首先，要做好市场调研。企业要推出新产品，最重要的是新产品要符合市场需求，符合消费者的消费需求，而不是盲目地求新、求多。这就要求企业在开发新产品之前，要做好市场调研，要充分考察市场需求，了解用户的核心需求。只有做到这一点，才能推出适销对路的产品，最终促成销售。

其次，要在创新上下功夫。对于产品来说，快速迭代最主要的是创新，而创新的首要体现就是细节的不断完善。产品正是通过一些细微的改变，才最终一步步走向完美。从这个角度来看，快速迭代就是一个不断创新的过程，创新带来的效果就是让更多刺激消费者购买欲望的产品被推出来，最终促成销售。

用“情感因素”打造产品

在当下各种产品层出不穷的情况下，如果产品仅仅在功能上能够满足用户的需求，显然已经不能适应市场的发展。对于消费者来说，能够满足自身需求的产品很多，而要想让他们做出购买的决定，除了这些基本条件外，还要为用户提供功能之外的东西，只有这样才能刺激消费者的购买欲。

在互联网时代，很多产品没有采用高性价比的方式，而是通过产品体验设计，赋予产品功能之外的价值。让用户除了为产品功能买单之外，还要为产品背后的价值买单。这种现象并不难理解，就好像女孩子买包包、男人买手表，动辄就是几万元、几十万元。他们买这些东西难道只是为了装饰自身、看个时间吗？促使他们做出购买决定的，更多是产品自身功能之外的东西，而这种东西就是一种高贵身份的象征。再比如，非常火的汽车特斯拉，如今已经成为企业家买车的首选。越来越多的人买特斯拉并不仅仅是因为它是最好用、最智能的电动汽车，还因为特斯拉代表的是一种社会身份。从上面两个例子不难看出，很多用户买单的动机，更多的是出于对产品背后所表达的社会身份或是彰显自身社会地位的隐形内涵的追求。

也就是说，很多人在购买产品的时候，看重的不仅仅是产品本身的功能，还有功能之外的情感因素。同样是买车代步，为什么很多人不选择自行车、摩托车，而要选汽车？同样是汽车，为什么大家热衷的不是QQ，而是Smart、奥迪、奔驰或宝马？这其中就是情感因素在作祟。根据马斯洛的需要层次理论，很多消费者都有“尊重的需要”，也就是说要面子。面子是颇具中国特色的尊重表达，而尊重包括自尊、他尊、权力三个层次。所谓的“要面子”，实际上就是要“他尊”，即希望获得他人的尊重。为了获得他人的尊重，很多消费者愿意为这种情感因素买单。再比如，同样是开花店，为什么有的花店的花只能卖到十几元一朵，而有的店铺则能卖到上百元一朵？区别就在于后者在花的身上赋予了一种情感因素，而这种情感因素通常表达的是“专属”的、“一生只属于一个人”的情感诉求。事实上，也的确有很多的消费者愿意为这种情感因素买单。

从上面的例子，我们不难发现，仅仅依靠功能来定义产品是不足的，还有一些不能或不适合用功能来概括的因素左右着人们的需求，在关键时候影响着他们的购买行为，而这些因素常常是注重用户体验的情感需求。这就为销售提供了很好的借鉴，产品不仅仅需要功能上完美，同时也需要为消费者提供功能之外的东西。如果产品在自身功能做到完美的同时能够把情感因素融入进去，最终就能促进产品的销售。

那么，对于销售者来说，具体应该为自己的产品融入哪些感情因素呢？

1. 尊重感

现在的消费者越来越强调自我存在感，重视被尊重的感觉。所以，要为消费者打造这种被尊重的感觉，就是在消费者进店消费的时候，要用各种方式让消费者感受到被尊重，比如微笑热诚的服务。

2. 温馨感

在越来越忙碌的现代，人们都在寻找一种家的感觉，对于消费者来说同样也是如此。为消费者打造一种温馨的家的感觉能够促进消费者消费，这一点在餐饮上体现得最为明显。

3. 尊贵感

随着人们生活水平的提高，很多消费者买产品，更多是想寻求一种可以标榜自己身份的尊贵感，对于这一点，查看一下每年的奢侈品销售额就知道了。

4. 独特的情感诉求

任何消费者消费产品都是为了表达一种情感诉求，应该帮助消费者完成这种情感诉求，比如玫瑰花是“一生只送一个人”，比如家用生活电器是“送给妈妈的爱”等。

用户体验至上，人人都是VIP

如今社会经济飞速发展，物质极度丰富，消费者的需求也日趋差异性、个性化、多样化，而且消费者的价值观与信念也在迅速转变，他们的关注点也由对物质的实用价值向情感利益转变。为此，作为现在主流的营销模式，移动互联网营销也必须在营销推广的同时，更加关注消费者体验，只有抓住了消费者的情感需求，才能更好地推动营销。

无论是在传统零售商店还是在移动互联网上，做营销的首要条件依然是最大限度满足客户的需求，给用户最好的消费体验。以体验式营销的代表“星巴克”为例：

星巴克董事长兼CEO霍华德·舒尔茨认为：星巴克的产品不单是咖啡，而且还包括在咖啡店的体验。舒尔茨在美国推行了一种全新的“咖啡生活”，“星巴克是人们的第三个场所，第一个是家，第二个是办公室，星巴克则介于两者之间。在这里待着，让人感到舒适、安全和家的温馨。”

为了营造“舒适、安全和家的温馨”，星巴克选择了“小店+大规模”、多网点覆盖的方法。星巴克的每个小店都有时尚且雅致的环境，豪华却不失亲切。星巴克店内经常播放一些爵士乐、美国乡村音乐以及钢琴独奏等，这正好迎合了那些时尚、新潮、有品位的白领阶层。他们每天面临着巨大的生存压力，迫切需要精神安慰，这种音乐恰好起到了舒缓压力的作用。

除了听觉享受之外，星巴克还为顾客提供了嗅觉享受。重烘焙极品咖啡豆是星巴克味道的来源，加上“四禁”政策（禁烟、禁止员工用香水、禁用化学香精的调味咖啡豆、禁售其他食品和羹汤），力保店内充满自然醇正的咖啡浓香。视觉享受方面，星巴克则主打咖啡制作四大阶段衍生出的色调：以绿色为主的“栽种”，以深红和暗褐系为主的“烘焙”，以蓝色为水、褐色为咖啡的“滤泡”，以浅黄、白和绿色系诠释咖啡的“香气”。另外，灯、墙壁、桌子的颜色从绿色到深浅不一的咖啡色，也都尽量模仿咖啡的色调。随着季节的不同，星巴克还会设计不同的海报和旗标来装饰店面……

在消费者需求的重心由产品转向服务，再由服务转向体验的时代，星巴克成功地创立了一种以创造星巴克体验为特点的“咖啡宗教”。人们来到星巴克，可以摆脱繁忙的工作稍事休息，或是约会。人们每次光顾咖啡店都能得到精神上的放松或情感上的愉悦，有相当多的顾客一月之内十多次光顾咖啡店，这是星巴克体验式营销成功的最好证明。

“粉丝经济”：粉丝的培养技巧

在互联网时代，粉丝很大程度上决定着企业的利润，甚至可以说，粉丝决定着企业的生死。“粉丝经济”的概念最早产生于六间房秀场，其草根歌手在实时演艺过程中积累了大量的忠实粉丝，粉丝通常会通过购买鲜花等虚拟礼物来表达自己对主播的喜爱。在节日和歌手生日等特定时期，礼物的消费尤为活跃。据不完全统计，秀场的ARPU值（每用户平均收入）最高可达1 000元人民币。从中我们可以得知，要想在互联网发达的今天获得较多的利润，就要懂得注重培养自己的粉丝，粉丝是产品的忠实拥护者，也是主要利润的来源。

对于企业来说，没有粉丝就没有未来。在互联网快速发展的今天，品牌创建已经与经营粉丝的过程高度融为一体，特别是对于线上销售来说，粉丝的重要性体现得更为明显。如果店铺有了充足的粉丝，即使店面再小，也能最大限度地赢得利润。互联网时代店铺粉丝的培养是非常便利的，二维码、微博、微信等的出现，为店铺培养粉丝提供了便利。具体来说，店铺可以推出自己的二维码，以此来积累大量粉丝，同时还可以通过微博、微信来对店铺展开宣传，以最大限度地培养粉丝。虽然互联网时代的自媒体平台为店铺培养粉丝提供了便利，但是粉丝的培养并不是说有了这些自媒体就一定能够培养足够多的粉丝。店铺要想获得足够多的粉丝，还要从以下四个方面着手。

1. 服务要有创新，产品要有特色

“粉丝经济”源于客户对自己产品的关注，靠的是产品的影响力。具体来说，就是唯有在服务上创新，产品上打造自己的特色，才能赢取粉丝的心。因此，无论卖哪种产品，都要强调它在同类产品中独特的个性，不能过于大众化。所谓个性化，指的是经营的商品要时尚前卫、价位低廉、品种稀奇、人无我有、销售新奇等。只有这样，才能日益彰显出自己的个性，在众多产品中以特色取胜。唯有如此，才能吸引客户的关注，并把客户最终转化成自己的忠实粉丝。

2. 要适时维护老客户，开发新客户

维护老客户是获得忠实粉丝的关键，而要做到维护老客户，需要做的是通过会员关系管理，深度挖掘不同层次老客户的需求，以达到维护老客户的目的，并最终使老客户转化成为忠诚的粉丝。虽然对于销售来说开发新客户的成本大于维护老顾客的成本，但是开发新客户也是产品获得“粉丝经济”的重要环节，要想开发新客户，就要对产品的宣传做到位，这样才能吸引越来越多的新客户。如果企业能做到维护住老客户，开发出新客户，最终一定可以实现“粉丝经济”。

3. 要依靠粉丝间的互动传播来赢得较多的粉丝

产品与粉丝之间的互动传播对于粉丝经济的实现有极大的促进作用。这种互动传播能让粉丝群活跃起来，他们会不由自主地通过自媒体平台将产品信息宣传出去，在这期间，产品可以赢得一定数量的粉丝。

4. 要把情感营销做到极致

这是“粉丝经济”的重要一步，也是一个企业长盛不衰的法宝。销售员不应该仅仅把自己的产品当成是产品来卖，还应该给予产品一定的情感诉求。越是把情感诉求付诸在产品上，就越是能够得到更多的回应。除了给产品赋予情感诉求以外，还可以通过节日的方式，把产品的情感因素体现出来，比如端午、七夕、中秋、重阳、春节等这些传统的节日，可以写一些有意义的标语或是做一些包含美好祝愿的海报等来赋予产品深刻的内涵。当对产品赋予情感诉求时，产品自然会受到顾客的喜欢，以此促使他们成为产品忠实的粉丝。

第八章

客户养成购买习惯的5个社群销售细节

社群是离你最近的销售渠道。每个人都有自己的社群，每个社群的成员都有他们相似或相同的爱好，每个社群相对来说也都有他们习惯使用的品牌和产品。正所谓物以类聚，人以群分，开法拉利、兰博基尼的人大概不会经常与开夏利的人混在一起，穿戴普拉达、古驰的人大概也不会经常和穿阿迪、耐克的人混在一起。社群社交让营销在真实用户间进行，同时也带来更高的转换率。

利用社群工具建立良好互动

纵观互联网上的社群工具，比如起初的BBS、QQ群、微信群，微社区各种社群的形成都是通过某一点的兴趣或者需求集结在一起。比如豆瓣，一开始是以电影和书籍点评分享形成社群；百度贴吧，是以某个兴趣或者需求形成的社群；小米社区，是通过小米手机的需求形成的社群。这些不同形式的人的聚合形成了不同的社群。人以群分，不同的需求、兴趣和喜好，自然会形成不同的社群圈子。

黄太吉CEO赫畅认为，今天在互联网营销的时代就是创建共振，因为每个人都是独立的个体，一个品牌也是独特的个体，如何建立相同的价值观、相同的兴趣取向、相同的社群，这才是最关键的。也就是说，社群经济才是最关键的。

他在谈到社群经济时，这样说道：

“今天很多人研究我做的产品，说煎饼果子怎么就不能被抄袭呢？煎饼果子怎么就不会被模仿呢？当然可以，因为产品在世界上永远不可能会有门槛。苹果是全世界最大的设计公司而不是制造公司，我们手里拿的零件没有一个是他制造的，也就是说，今天最有价值的是创造文化、创造价值观，创造社区。有那么一批热爱苹果的粉丝。社群经济不能忽略，传统行业做传统营销的时候，无非就是利用大家的弱点，我们说弱点营销，说得难听点就是阴暗面营销，他说你胖了，他说你皮肤不好，你怎么怎么不好，因为这个需求，你就买这个东西。今天在互联网营销的时代就是创建共振，因为每个人都是独立的个体，一个品牌也是独特的个体，如何建立相同的价值观、相同的兴趣取向，相同的社群，才是最关键的，社群经济是最关键的。

“这是我们各种各样的推广：‘煎饼之神’；今年7月28日一周年的庆典；三里屯开业的时候六大当家集体亮相；等等。最近我们严肃地考虑，黄太吉六大当家能不能组一个乐队出来，明年组织一场演出。这就是我们今天在做的社群的概念，跟你的煎饼是不是好吃，没有决定性关联，当然我们尽量让煎饼好吃。这场里一群人，大家共同爱着这个品牌才重要，社群经济就一个字‘爱’，你要笼络一批爱你的人。我觉得人生很短暂，我们有精力服务好爱我的人就很好了。

“如果你看到这张照片，可能会觉得是一个时尚Party，或者是电影的小型首映式，其实不是。这是我和我老婆五周年的结婚庆典，在煎饼果子店举办，参与者都是黄太吉的微博粉丝，没有亲朋好友，我让我的粉丝，陌生人，没有见过面的，参与到老板和老板娘的五周年的结婚庆典，我们人生中很重要的活动中。

“这是我们一周年庆典，多少人来参加一个煎饼铺子一周年的庆典，苹果是WWWDC，我们是HWEC，黄太吉全球吃货大会，这次大会受到了各国人民的喜欢，有从美国回来的，有从澳大利亚来的，还有一个从武汉提前一个星期出发，骑着单车来北京参加这个活动，为什么？就为了我们背后这六个字，平常心做自己，这是我们今年的主题。黄太吉出名以后，受到褒贬不一的评价，有很多质疑也有很多鼓励，对我们来说说什么都不重要，其实这六个字是说给我们自己听的。一条街都被站满了，你能想象到这只是一个煎饼果子铺子的年轻人。但这就是事实，这就是社群经济的力量。

“今天的社群不止是粉丝，包括上层资源。乐蜂网也是我们的社群资源，因为乐蜂网送了很多的面膜给我老婆，我老婆就发了很多的微博，夏华也一样，她给我们六个当家人，做了衣服，希望我们以后照相的时候穿着她做的衣服。一样的，你要把更多人加入到你的人群中，即使有些人不是你的终端消费者，但不管各种各样的人，只要抱有共同的价值观都可以在这个社群里。”

黄太吉能够引来很多的用户关注，并不在于煎饼本身的口味有多独特，更多可能要归因于它创造了一种用户易分享的社区环境，或者说体验，以及激起了用户对这个品牌的一种“好奇”。

今天，用户对于分享的关注，可能已经超过产品本身了。消费者更看重的是彼此之间的互动等社会交往功能。因此，利用社群工具建立良好互动不容忽视。

多管齐下，让微博营销“热”起来

微博热度是长期经营的结果，除了之前几节谈到的一些增加人气的方法，下面再为大家介绍几个能为企业微博带来人气的重要细节。

1. 几大微博网站同时申请账号

企业可在人气较旺的微博网站同时开博，比如新浪、腾讯、搜狐、网易等，每一则消息在所有微博都发一遍，可以大大提高传播效率，摊薄经管成本。

2. 企业可以开多个微博

企业可以开多个微博：企业名称注册企业官方微博，发布官方信息，链接到官方网站；企业领袖可以开设个人微博，对外彰显领袖个人魅力；主要产品创建产品微博，发布产品资料，向客户提供技术支持，充当产品客服；专业技术人员用个人名义创建微博，发布行业技术方案及行业动态评论，逐步成为行业的“意见领袖”。

①官方微博（企业微媒体）：企业微博用来传播企业官方正式内容，在第一时间发布企业最新动态、对外展示企业品牌形象，让企业微博成为一个低成本的宣传平台。

②企业领袖微博（企业微传播）：领袖微博是以企业高管的个人名义注册的个性化微博，其最终目标是成为所在行业的“意见领袖”，能够影响目标用户的观念，在整个行业中的发言具有一定号召力。

③客服微博（企业微服务）：企业客服人员通过微博与客户进行实时沟通和互动，缩短企业对客户需求的响应时间，在互动中提升企业服务品质。

④产品微博（企业微公关）：通过微博对于企业及产品危机实时监测和预警，快速处理和应对与企业相关的负面信息，及时发现和消除消费者对企业及产品的不满。如企业遇到危机事件，可通过微博对负面口碑进行及时的正面引导。

⑤市场微博（企业微营销）：企业通过微博组织市场活动，打破地域人数的限制，实现互动营销。

3. 获取微博账号认证

企业微博账号、企业领袖微博账号等一定要立即获得微博认证。认证标记也会很大程度上吸引微博网友的关注。并且，只有获得微博认证后，微博网友才会真正相信这个微博，这有利于企业形成较权威的良好形象。另外，认证后的微博可被外部搜索引擎收录，更易于传播。

4. 加大微博活跃度

任何一个平台，只有不断地去使用、去发现，才会有更多的新收获，也才能使其发挥更大的价值。开设微博之后，每天都应登录微博两到三次，并关注经常发布微博的人，寻找经常在线的活跃用户有无潜在价值。看到有趣的博文转发或者评论一下，会让更多的人通过此信息发现你的存在。而且，经常使用微博，还能总结出属于自己的微博推广经验技巧。

百度已经把新浪微博的内容放到了搜索页，用户可以利用微博进行搜索引擎优化，具体做法是，把行业内值得关注的新闻转载到客户需要营销的网站，提炼要点发成微博，并附上该新闻在目标营销网站上的链接。一篇这样的微博，通常可以为客户网站最近一周内带来每天两三千，甚至上万的陌生访客访问量，其效果可谓非同凡响。

5. 峰值时间+精彩内容

企业微博的信息内容必须是有价值、多样化、图文并茂的多媒体信息，这样用户才会有较好的浏览体验；同时，微博内容尽量包含合适的话题或标签，以利于用户搜索。企业微博的管理者要将话题潜力释放出来，多引用行业热点来发布可讨论的提问式语句，从而吸引大家关注和参与。

在信息发布的时间点方面也需要注意，企业微博不能是常规的8小时工作制。合理的时间点应该是微博用户的三个活跃高峰时段：9到10点、16到18点、21到24点。据微博后台统计显示，这三个时间段登录微博的用户最多。急切的信息要马上发布，重要但不是急切的，可以选择峰值时间发布，这样能实现效果的最大化。

6. 定时定量且定向

微博就像一本随时更新的电子杂志，要让大家养成观看习惯，这就要求微博要定时、定量、定向发布内容。当用户登录微博后，能够想着看看你的微博有什么新动态，这无疑是最成功的境界，虽很难达到，但至少我们要做到经常出现在人们的视线之内，久而久之，自然可以成为他们头脑中的一个浏览习惯。

定时、大量地发布企业微博当然最好不过。因为大量发布可在一段时间内占据关注者的微博首页，不会被快速淹没。但此举一定要保证微博质量，在质量和数量的选择上一定要质量为先。一个满是垃圾内容的企业微博，不仅达不到传播目的，还可能被不胜其烦的粉丝删除掉，或压根就不会有人关注你。

发布企业信息要注意140字的限制，避免长篇大论，最好能在一条微博内说完。否则，根据微博的技术特点，会将整篇微博分批发出，这时候很有可能出现文字断层，失掉一些重要内容，从而让用户误读。在需要发布较长的内容时，微博管理者可以在微博上发布有详细内容的文章链接，或是直接使用长微博功能，将问题的核心要点做精确说明。

用微信，你可以自助营销

互联网的飞速发展，促使自媒体平台不断发展和壮大，它们也逐渐成为很多用户进行创业和营销的工具，其中微信是众多营销工具中效果比较显著的一个。随着互联网的不断发展，微信的功能也在不断完善，而这些逐步完善的功能为创业营销提供了发信息、发图片、发语音等众多手段，特别是微信的“查找附近的人”“扫一扫”“自定义菜单”等新功能，其背后蕴藏的巨大商机不可限量。而店铺也可以利用微信进行创业推广，以此来刺激店铺源源不断的财源。

1. “查找附近的人”，营销就是要精准直击

2011年8月3日，微信正式推出“查找附近的人”的LBS社交功能，通过这个功能，同样开启本功能的人可以被自己所在的附近地理位置找到。在这些附近的微信用户中，除了显示用户姓名等基本信息外，还会显示用户签名档的内容。此项功能的推出让微信用户数量有了第一次大爆发。而此项功能中的签名档成为投放免费广告的地方。在这个地方投放广告，可以达到的效果是即使没有达成协议，也能增加曝光率和知名度，这样就能发展众多的潜在用户。

微信“查找附近的人”这一功能是基于地理位置服务（LBS）的社交功能，LBS能够通过移动终端和移动网络确定用户的地理位置，并能在确定使用者位置的同时，向用户推荐该地理位置附近能够提供的各种服务，例如周边搜索、位置签到、位置游戏和信息推送等。不管是哪种方式都能通过交流的方式看到签名档，这对投放广告是非常有好处的。同时，信息推送的方式也为投放广告提供了便利。

也许有人会怀疑，仅仅靠一个人用“查找附近的人”投放广告的作用是有限的。但是试想一下，如果企业雇佣一批人24小时运行微信，然后把人流最密集的地方当作“查找附近的人”的地点，会怎么样呢？这样投放广告就会让很多人知晓产品信息，其效果说不定会远远高于部分地区的户外广告效果。

利用“查找附近的人”来投放广告，要想起到良好的效果，可以按照以下五个步骤来进行。

第一步，设置微信头像与个性签名。微信头像也是广而告之的方式，好的微信头像有利于营销，比如可以用企业的Logo做微信的头像，这样对可信度的提高是很有帮助的。个性签名是投放广告最直接的地方，这里写的文字可以是公司本月的活动、店庆活动、节日活动、优惠活动等。

第二步，启动“找朋友”功能，利用这个功能搜索到预定受众群体，编辑好要发送的信息内容发送出去即可。当然，此时的信息内容要体现重点。

第三步，与微信网友建立通话后，要及时回复网友的提问。在回复网友提问的同时，可以附带公司的地址和电话，以达到广告的目的。

第四步，每隔二十分钟重新搜索一次，尽量用语音功能回复顾客。

第五步，发送信息后要做好记录，要记住已经向哪些人发送了信息，千万不能一条广告重复发给同一个人，否则会给客户造成骚扰的嫌疑。

2. “漂流瓶”，营销在扔捡之间立成

漂流瓶起源于中世纪，是人们穿越广阔大海进行交流的有限手段之一。随着网络的发展，各种网络版的漂流瓶也日渐增多。如百度漂流瓶吧、QQ邮箱漂流瓶、网络漂流瓶等，最近新面世的微信漂流瓶以后来者居上的姿态赢得了广大用户的信赖。微信漂流瓶有两个组成部分：第一个是“扔一个”，用户可以用这个功能选择发布语音或者文字，然后投入大海，如果有其他用户“捞”到则可以展开对话；第二个是“捡一个”，这就是所谓的在大海中“捞”瓶子，“捞”到瓶子后就可以和对方展开对话。

微信漂流瓶发出后，一般由网络自动分配，不预定收件人。也就是说，发件人与收件人之间是完全陌生的，这样就更容易把信息发给客户，并能够减少销售广告的成本。由于漂流瓶是随机的，所以很多人认为收到漂流瓶是一种缘分，所以，只要发件人的广告具有吸引力，就一定能让打开瓶子的人去浏览自己的网站。

由此可知，用漂流瓶进行企业广告推广一定是大有好处的。首先，它不会被用户投诉，因为是偶然“捡”来的，所以收件人最多是不看，不会屏蔽或删除你；其次，内容是随意的，也没有审核，所以营销广告的内容是可以任意组织的；再次，漂流瓶是中国使用人数最多的聊天软件之一，有很高的用户质量，并且各行各业的人都有，这对企业或者企业营销的推广来说，无疑能够起到很大的推动作用；最后，数量没有限制。一个微信号一天可以发6次，加上捞到的瓶子再发出去，可以达到9个，如果是一个人发漂流瓶，那么营销效果自然有限，但如果是一个企业注册数目可观的账号专门用来进行漂流瓶推广，那么能够起到的营销效果就相当巨大了。

然而，需要注意的是，虽然利用微信漂流瓶能够起到很好的营销效果，但是在具体操作的时候，一定要注意技巧，如此才能达到事半功倍的营销效果。

第一个技巧是要制造热点话题。要把宣传的广告与热点话题更好地结合在一起，这样才能提高收件人阅读的兴趣，如此才能提升瓶子被传递的机会。

第二个技巧是要用短小美文吸引阅读兴趣。这属于广告软文的范畴，广告软文写得好不好，直接影响到阅读者的兴趣，所以要写优美的广告软文。

第三个技巧是发笑话和趣闻。没有人能够抵挡得了笑话与趣闻的诱惑，在投漂流瓶的时候，把这些有趣的笑话与趣闻和企业要推广的信息结合在一起，就能减少收件人对广告的反感，从而达到营销的目的。

第四个技巧是情感笼络。漂流瓶里最多的内容是感情的倾诉与宣泄，很多人是为了寻找一些倾诉的对象，然后从中寻找安慰，此时就要做好漂流的回复，给他们以安慰，然后再引导对方浏览自己的营销内容。

3. 轻松“摇一摇”，增加曝光率

大家现在对“摇一摇”这个词语已经不再陌生，提到这个词，大家最容易想到的就是微信的“摇一摇”功能，但是“摇一摇”并

非微信独占，基于手机自身的重力感应，一些拼图软件、安全软件等也可以具备“摇一摇”功能。在2012年5月，新浪微博Android客户端V3.0.0夏日版对外公测，在这一版本上也增加了“摇一摇”的功能。

不管是微博上的“摇一摇”，还是微信上的“摇一摇”，都能起到很好的营销效果。通过“摇一摇”，可以增加曝光率。而且，因为“摇一摇”有很大的随机性，这无疑能提高广告的曝光率。就拿微信的“摇一摇”功能来说，如果商家利用微信账号不停地摇，那么，在同一时刻摇手机的人就能看到商家，同时，商家要宣传的广告信息也能同时被宣传出去。正是因为“摇一摇”功能有如此大的宣传效果，所以很多企业选择用“摇一摇”的方式来做营销，并且起到了非常好的效果。

设计个性公众号，吸引用户眼球

想要设计一个成功的微博、微信账号名，首先就是要明确企业的自我定位，这样设计出的账号名才能代表企业的个性。企业定位是一个企业建设和发展的核心，想要将企业发展起来，就要明晰自身的定位并以逐渐形成的品牌效应来辐射受众，才是长线发展之路。

1. 公众账号设计有讲究

①明确企业定位，知道能要和想要

考虑清楚“企业能做什么”和“企业想做什么”这两个问题，自我定位就完成了一大半，在微博、微信等新媒体平台上才能够展现出与众不同的个性与风格，进而在市场上形成一种独一无二不可替代的风格。

作为中国第一家轻奢餐饮品牌的“雕爷牛腩”，在开业前曾在微博上进行了半年的“封测”活动，广邀京城各界美食达人和影视明星前来试菜，这一做法不仅让普通用户感受到它的高端，甚至也令很多明星心向往之，圈内很多明星都以获得“雕爷牛腩”的封测邀请码为荣。

于是，餐厅于2013年5月20日正式营业后，大受追捧。由于利用了微博的高人气，以及对明星效应的准确把握，以至于大家都在微博上热传“雕爷牛腩”是全北京撞星几率最高的餐厅，这进一步增加了“雕爷牛腩”的人气。

②公众账号如何取名

一个人如果取了一个好名字，那么他一定会更加引人注目，公众账号更是如此。当然，仅仅是取得一个响亮的名字还不够，公众账号的取名还要考虑受众群，也就是说，想要吸引什么样的人最好就取个能够吸引这类人的名字。

值得注意的是，企业的微博、微信公众号名称最好不要是以某某品牌官方微信的形式来展现，这样会给人一种企业官网的感觉，降低大家想要阅读的兴趣。如果企业的品牌知名度不是很高，可以用品牌名加行业词的方式命名，这样用户搜索行业的关键词时就能够找到你。微信公众账号和认证过的微博都没有办法再更改名字，因此，在起名字的时候一定要谨慎。

最典型的好名字是所属行业和你所要发布内容的行业统称。比如，很多企业的微博、微信公众名就叫“某某网XX行业”，而不少企业和个人的微博、微信也直接以公司名称和行业名字作为微信公众账号名称，这样的名字不仅看起来更具有权威性，也更容易引起人们的关注。

比如银泰杭州西湖店这个百货商店，正常会取名为“银泰杭州西湖店”，但实际上本地用户习惯称之为“西湖银泰”，那么公众账号名称就建议取“西湖银泰店”，用户搜索时只要搜“西湖银泰”，这一公众帐号就能够被成功搜索出来。

当一个企业在确定好自己的微博、微信账号定位之后，就要根据自己的定位确立品牌形象、目标人群。俗话说，万丈高楼平地起。当这些基础工作全部做好之后，才能够顺利进行以后的诸多环节，只有每一个步骤都有效实施，才能够保证微博、微信的营销顺利推送出去。

2. 夯实内容与功能的基础环节

做好内容的构建和功能的规划工作，首先就是将要传达的内容划分成不同的版块，企业需要掌握每周要向粉丝推送哪些内容，是单图文消息还是多图文消息，是推送有趣或者有价值的内容来吸引用户，还是推送能够满足用户日常所需的消息。将内容的安排规划制成计划表加以执行，秉承一切的出发点都要站在用户的角度，将经过锤炼的信息推送出去，算是微博、微信营销最基本的部分，当然这一切还要高度尊重订阅用户的意愿。

内容方面把关好了，下一步企业就需要在功能建设方面多下功夫了。比如，除了考虑企业简介、企业商城和企业提供的服务等基础性功能之外，还要思考技术层面的外包和自己组建团队等问题，只有这一切都顺利完成，才算是完成了整个营销活动中最为基础的部分。

移动互联网企业在利用微信营销的道路上，小米是其中的典范。

从本质上来说，小米手机是一个依靠“饥饿营销”崛起的品牌。小米手机每周都会有一次开放购买活动，并且每次活动都会把微信的推广链接与微信二维码同时放在官网上。小米通过官网发展了大量的用户，其中最多的时候一天可以发展3～4万个用户。同时，小米每次在进行微信活动的前一两天，都会提前在其官网、合作网站、微博帐号、小米论坛上发布消息，告知活动详情。在活动结束之后，官网会继续进行宣传，通过这种方式，再次挖掘了一大批用户。

除了购买活动外，小米还通过举办重大活动来吸引用户。第一个活动是“非常6+1”，这次活动的规则是，小米官方每天送出50个小米手机2F码，30张手机充值卡，同时公示中奖率。排名前十的用户，不仅能够获得小米手机一部，还有机会赢得小米盒子及移动电源等大奖。这次活动为小米新增6.2万名用户，参与人数达到了21万，接收消息量高达403万。可以说，取得了非常好的营销效果。第二个活动是“米粉节”微信抢答活动。这次活动由于信息量瞬间爆发，结果导致微信后台瘫痪。虽然用户抢答活动没能顺利进行，但是小米却得到14万新增用户，总接收消息量也高达280万。

小米在微信营销上的成功，从它的终端用户量上可以显现出来。而小米之所以会取得这样的成绩，自然与它准确把握微信营销息息相关，懂得综合运用一系列手段去做营销，这是其他移动互联网企业需要学习的。

3. 运营团队职能划分

我们知道微博、微信的运作涉及到市场推广、售前、售后、物流查询、财务等诸多环节。一个微博、微信团队理想的运营模式是以市场为导向，各部门配合，共同来做好运营。微信、微博的运营团队至少要用五人的配备。

①新媒体策划人员：工作内容主要包括活动策划和内容策划，首先要策划出粉丝能够感兴趣的话题，策划相关的活动与粉丝进行互动，增加话题、活动的趣味性，使粉丝对公众账号产生依赖。

②美编：将文字和图片进行编排，使整个界面能够给粉丝一种赏心悦目的感受。

③推广人员：负责将企业的微博、微信向更大的范围内推广出去。

④内容编辑：负责微博、微信的内容撰写，还要对粉丝的反馈进行收集，方便策划人员制订出更好的内容。

⑤客服人员：主要负责与粉丝进行直接沟通，与粉丝进行语音聊天、语音问候、解答问题等；同时还要对反馈的数据进行分析汇总、归纳和分析。

众所周知，微信、微博公众帐号的运营主要是用来维护客户和增强客户关系，从而起到营销的目的。要做到这一点，就需要企业在维护好老客户的同时，尽量开发新客户，不断增加粉丝量。只有将各种营销手段都利用起来，才能够使企业在自身存在的领域中产生影响力。最为重要的，也是我们始终在强调的，就是一定要以贴心战术取胜，了解用户所需，满足用户所需。

4. 多渠道打造企业形象

微博、微信本身就是一个线上产品，就营销而言，还是要和各个线上的营销渠道相互配合才能取得事半功倍的效果。

①与线上渠道的配合

和博客的配合：博客适合讲述比较详细的企业动态、行业信息、企业经营理念、企业产品或服务介绍、企业典型案例、用户体验分享及媒体报道等内容，可以采取与微博、微信自动链接的方式，或者在微博、微信中发布带有博文链接的内容来推广博文。

和网络视频配合：很多视频网站都支持将他们网站上的视频分享到各个微博、微信平台中，当然也可以直接在发布微博时，插入对应的网络视频页面地址。

和社区配合：网络社区是一个人们会比较集中浏览的网络平台，微博、微信都能够同步分享到各大网络社区当中。一个具有吸引力的消息能够引发无数人的关注和分享，企业也可以在各个网络社区中注册账户，在发布信息时加上微信公众账号和微博地址，多角度进行营销。

和即时通信配合：微博、微信可以与即时通讯工具进行绑定，利用即时通讯工具能够实现微博、微信的分享和转发。

和更多其他的线上渠道配合：网络平台林林总总，只要能够利用上的工具我们都可以进行利用。威客、百度知道、百度百科、互动百科、网店产品信息、图片分享网站、点评类网站等诸多平台都可以利用起来，而且，不仅要在手机终端上应用起来，还要实现与微博、微信的应用对接。

②与线下渠道的配合

和报纸杂志的配合：企业可以在报纸和杂志上发布相关信息，将微信公众号和微博地址也附在上面，策划一些相关活动，让读者和企业能够互动起来。如此一来，不仅可以扩大报纸与杂志上广告的影响，企业也能够在微博、微信的宣传上得到相关反馈。

和广播电视的配合：如今，电视屏幕上经常会出现各种二维码，感兴趣的用户只要扫一扫就可以关注企业的公众微信号。因此，企业完全可以利用这一广告效应，推广自己的企业公众号。如此一来，用户就可以边看边聊，直接参与互动，这样的推广方式，无论对电视节目的宣传，还是对企业的自我营销，都是非常有益的。

和户外媒体的配合：户外媒体包括户外广告板、户外大屏数字电视、楼宇内及电梯间的数字电视等多种，具有很大的广告价值。在发布广告的时候，企业可以注意突出企业的微信公众账号、二维码和微博地址。

和其他线下渠道的配合：除了以上几种线下渠道，还有很多媒体形式出现在我们的生活中。在利用时，企业只要注意将微信公众账号、二维码和微博地址体现在上面并突出出来，就能够起到增加企业粉丝量的效果。

总之，线上与线下媒体各有利弊，如果能将两者的优势结合起来，相信能够擦出更多火花。

四大策略，轻松做好微信、微博营销

互联网时代，对于创业者来说，微信、微博已经是协助开店的两大利器。越来越多的创业者开始利用这两大工具来做生意，利用微信、微博开店，甚至不需要线下卖场，这不仅能减少门店租金、劳动力费用等，还能通过互联网迅速扩大知名度。店铺利用微博、微信营销不但能添加目标客户，还能宣传店铺文化、新产品等，这样一来，不仅能够提升店铺的销售业绩，还能增加店铺的知名度和美誉度。而店铺要做好微博、微信营销，就要掌握以下四大策略。

1. 双账号推送策略

所谓的双账号推送策略，指的是利用两个公众账号进行店铺营销，具体来说，就是将促销与内容分开，各做一个公众账号。用来推送内容的账号是为企业忠实粉丝专门提供的，目的是尽可能地满足他们希望了解更多店铺讯息的愿望。店铺每天都要对群发的信息做统一安排，准备好文字素材和图片素材，内容可以是新品推荐、饮食文化等方面。除此之外，店铺还可以利用这一账号针对新老客户推送出不同的信息，同时也方便回复新老顾客的提问。而用来做促销的账号可以为顾客推送相关的优惠打折信息、促销活动等。这种双账号推送策略不但能够提升店铺销售的业绩，还可以形成口碑效应，大大提升商家品牌的知名度和美誉度。

2. 以活动吸引顾客

微博、微信营销比较常用的方法是以活动的方式吸引消费者参与，从而达到营销推广的目的。对于店铺营销来说，同样如此。然而，通过微博、微信策划一场成功的活动并不是一件简单的事情，需要店铺经营者为此投入一定的经费。店铺借助线下店面的平台优势开展活动，是需要消耗一定的成本和人力的，对于小店铺来说甚至是有点难度的，但是这并不是说小店铺就不能搞活动，即使是小店铺，如果有缜密的计划和预算，也能以小成本打造一场效果显著的活动。虽然举办活动需要消耗财力、物力，但是活动确实是吸引顾客的最佳方式。作为店铺经营者来说，可以举办签到打折活动，具体方式是店铺制作好附有二维码和微信号的宣传海报和展架，然后利用专门的营销人员在活动现场指导到店消费者使用手机扫描二维码，关注商家公众账号即可收到一条确认信息，消费者凭借信息在购买店铺产品的时候享受优惠。当然，店铺举办活动的方式不仅仅是这一种，只要是任何一种能够促进消费的店铺活动都能被运用到店铺营销推广中去。

3. 多形式吸引粉丝关注

店铺要想吸引足够多的粉丝，就要利用多种形式来吸引粉丝。比如，店铺在产品包装上印刷二维码，便于来到店里的人能够看到这些二维码，如此一来，不仅提升了店铺的影响力，店铺还能依靠这种方式积累一批实际的消费群体。除了二维码外，店铺还可以在店内设置展架、海报、DM传单等，这些对帮助增加店铺的关注度都有很大的促进作用。

4. 利用游戏增加用户黏性

不管是微博还是微信，对于店铺来说都是为了寻找一个与用户沟通的新渠道。然而对于这两个渠道来说，不同的沟通形式与内容可以达到不同的效果。而在众多的形式与内容中，互动游戏是最能提高用户黏性的一种手段。如果游戏设计得合理，不但能够带动店铺粉丝的参与感，还能让粉丝带动周围的朋友一起参与，这样就有利于店铺形成较高的口碑。

以上就是店铺做好微博、微信营销的四大策略。店铺只要按照这四大策略做好微博、微信营销，就能在积累用户的同时促进销售业绩的提升。